英語学の基礎知識

著　西田一弘

ふくろう出版

はじめに

　英語を学習している人は多いですが、その基となる、言語学や英語学の知識を学んでいる人は少ないのではないでしょうか。日本人にとって第二言語である英語は、母語の日本語とは共通点も多くありますが、相違点も多いです。そこで、英語を長年勉強してきた人たちには是非、英語学（言語学）を一度は学んでもらいたいものです。英語に対する新たな視点を見つけることができるでしょう。

　通常、英語学の本は、基本的な用語の説明はさほどされていません。そこで、英語学の本はえてして難解です。英語学の理解には多くの基本的知識の理解が必要です。そこで、本書では、英語学を学習する上で基本となる知識の理解を行うために、英語学の知識を、初歩（1章）と応用（2章）に分け、さらに項目別に分類して、英語学の学習をしやすくしました。

　各説明の後には、問題を提示していますので、合わせて行ってください。本書が難解な英語学の手引きとなれば、筆者にとって望外な喜びです。さあ、英語学を学びましょう！

目　次

はじめに　*1*
目次　*2*

序章　　　　　　　　　　　　　　　　　　　　　*5*

第1章　　　　　　　　　　　　　　　　　　　　*11*
1－歴史1．―英語史―　　　　　　　　　　　　　*11*
2－音基1〜3．―音声基礎―　　　　　　　　　　*15*
3－音応1〜3．―音声応用―　　　　　　　　　　*22*
4－語法1〜2．―語法―　　　　　　　　　　　　*29*
5－生文1〜4．―生成文法―　　　　　　　　　　*35*
6－語用1〜2．―語用論―　　　　　　　　　　　*42*

TOPIC 1
―英語的発想から見た英文法－英文法は覚えるより感じよう！―　*50*

第2章　　　　　　　　　　　　　　　　　　　　*61*
7－会話1．―会話―　　　　　　　　　　　　　　*61*
8－会話2．―会話―　　　　　　　　　　　　　　*63*
9－会話3．―会話―　　　　　　　　　　　　　　*65*
10－教授法1．―教授法―　　　　　　　　　　　*68*
11－教授法2．―教授法―　　　　　　　　　　　*71*
12－教授法3．―教授法―　　　　　　　　　　　*76*
13－教授法4．―教授法―　　　　　　　　　　　*78*
14－文化1．―文化―　　　　　　　　　　　　　*81*
15－文化2．―文化―　　　　　　　　　　　　　*84*

16－文化３．―文化―	*86*
17－文法１．―文法―	*89*
18－文法２．―文法―	*91*
19－文法３．―文法―	*93*
20－文法４．―文法―	*94*
21－文法５．―文法―	*96*
22－文法６．―文法―	*99*
23－言語習得１．―言語習得―	*100*
24－言語習得２．―言語習得―	*103*
25－言語習得３．―言語習得―	*105*
26－言語習得４．―言語習得―	*107*
27－言語習得５．―言語習得―	*110*
28－言語習得６．―言語習得―	*113*
29－言語習得７．―言語習得―	*115*
30－言語習得８．―言語習得―	*117*
31－言語習得９．―言語習得―	*120*
32－通訳・翻訳１．―通訳・翻訳―	*123*
33－通訳・翻訳２．―通訳・翻訳―	*125*

TOPIC 2
―プラクティス：フィーリングを定着させよう！―　　*128*

あとがき　*134*

序　章

Ⅰ．明示的知識（explicit knowledge）と暗示的知識（implicit knowledge）

「岡崎へ行く」「岡崎に行く」の違いは？

　「へ」は方向を表し、「に」は到着点を表します。母語話者には使うことはできるが説明できない知識が多く存在します。このような知識は「暗示的知識」といいます。暗示的知識とは使用はできるがその規則が説明できない知識のことです。それとは反対に「明示的知識」とは使用もでき言葉の規則も説明できる知識のことです。教育者に必要なのは「明示的知識」です。さらに、「暗示的知識」にも2通りあるように思います。つまり、応用の利くものと応用の利かないものです。その違いは知識の量と質によると思われます。どれほど多くの知識をどれほど深く知っているかということです。日本人が英語を勉強する場合は、ある程度の量の明示的知識と多くの暗示的知識が必要ということになります。これは母語話者の場合と基本的に変わりません。しかし、実用性を持たせるには暗示的知識も明示的知識に近い状態にしておく必要があります。つまりある程度説明できる状態にしておくということです。というのは母国語者でない限りその知識の量には限りがあるからです。

明示的知識　＝　（暗示的知識　→　）明示的知識
暗示的知識　＝　暗示的知識　→　暗示的知識

明示的知識も最初の段階で暗示的知識の状態が存在するものと、存在しないものがあると考えられます。英語を学習する場合につまずくのは前者の場合で十分な暗示的知識がないにもかかわらず、明示的知識を望みすぎることが考えられます。言語の理解は英語に限らず、数学のような応用問題ですから、これを一足飛びで解決しようとするのは無理があります。また暗示的知識でとどめて置き無理に暗示的知識にする必要はないものを明示的知識にしようとするのもつまずきのもとです。「〜へ」「〜に」のように暗示的知識のままで用が足りる知識も多いからです。

―知識＆教授法の観点から―
　まとめると、英語を学習するとき①初級者は明示的知識を中心に、②中級者は明示的知識と暗示的知識の両方を、③上級者は暗示的知識の習得を目指すと良いでしょう。因みに、小学校での英語の勉強は明示的知識になる前の暗示的知識のままで良いでしょう。ここで言う暗示的知識とは深く考えず「丸覚え」で学習する知識であり、明示的知識の前段階の暗示的知識とずっと暗示的知識にとどまっていて良い暗示的知識のことです。しかも、その知識のレベルは自分の現在のレベルに合ったものが良いでしょう。文法や単語においてあまりにレベルが高すぎる知識は覚えるのは大変です。丸覚えも無理に覚えるのではなく、何回も同じあるいは同じような単語、表現、文に遭遇し、自然に覚えていくのが良いでしょう。言語学習は継続すべきもので無理は禁物です。

II．宣言的知識（declarative knowledge）と手続き的知識（procedural knowledge）

　「宣言的知識」とは事実や言葉の意味などの知識で、「手続き的知識」

とは自転車の運転の仕方や料理をする方法の知識のことです。前者は明示的知識になり得ますが、後者は明示的知識になりにくいということができます。このように母国語話者でも暗示的知識にとどまっている知識を持っており、これを明示的知識にする努力は徒労といえます。

	明示的知識	暗示的知識
宣言的知識	○	○
手続き的知識	△×	○

英語学習者で中級以上のレベルの人は英文法にあまり力を入れる必要がないのはそのためです。中級以上の人はたくさん聞いて、たくさん読み、たくさんの単語や文を、完全に理解するのでなく数多く触れることを勧めるのはそのためです。宣言的知識、手続き的知識に限らず暗示的知識を増やすと良いでしょう。

Ⅲ. 第二言語習得研究の歴史

ここで第二言語習得研究の歴史を振り返ってみましょう。
1. ヨーロッパ中世（10世紀ごろ）に、**文法訳読法**が行われる：文法教育と訳読指導が中心で、文法・構文解析を駆使して、母語への翻訳を徹底的に実行する教授法。
2. 1940年ごろに「**第二言語習得**」という学問が、言語学の「**構造主義言語学**」（個々の言語は互いに異なり得る。そのための、多くの言語の音声、文法体系を記述することを目的とした科学）や心理学の「**行動主義心理学**」（学習は「**刺激―反応**」による習慣形成だとする科学）から始まる。そして、第一言語と第二言語の「**対照分析**」が行

われる。**オーディオ・リンガル・メソッド（オーラル・アプローチ）**＜Fries＞の誕生：初期の指導に口頭練習のみを行い、学習が進むにしたがって、聞くことから、話す、読む、書くの順に指導がなされる、音声中心の指導法。**模倣**と**暗記**や**パターン・プラクティス**が特徴の、形式重視の教授法である。

3．1960年代に「構造主義言語学」「行動主義心理学」が崩壊する。そして、**変形生成文法理論**＜Noam Chomsky＞が発表される：人間には普遍文法が生まれながらに備わっており、文の表層構造は、移動、転写、代入、削除というような秩序だった変形によって、深層構造から派生したものであるとする理論である。

4．1970年代に「誤用分析」が行われる。そして、言語習得には「**習得順序**」（①代名詞格、②冠詞、③繋辞、④現在進行形、⑤複数形、⑥助動詞、⑦規則過去、⑧不規則過去、⑨所有格、⑩三人称単数現在（Dulay and Burt 1974））があることが明らかになった。**コミュニカティブ・アプローチ**＜Hymes＞が発表される：**概念・機能シラバス**に基づいて「コミュニケーション能力」を養成しようとする、ロールプレイやペアワークを取り入れた、プロセス重視の考え方である。

5．1980年代以降、「**中間言語分析**」が行われる。形式（文法）中心から意味中心へ移行する。**インプット仮説**＜Krashen＞が発表される：第二言語習得の生得主義的理論の中心となるもので、インプットが第二言語の発達において最も重要であるとする理論である。現在、センター試験並びに大学の入学試験で英問英答による長文読解問題が多く出題されるのはこの流れをくむものである。

　先ほどの宣言的知識と手続き的知識をもう一度考えて見ましょう。宣言的知識は意味中心、手続き的知識は形式中心の知識と考えられます。というのは意味のあるものは説明がつきやすいのに対して、あまり意味のないものあるいは意味があっても難しいものは説明が困難だからで

す。そうすると教授法の変遷は以下のものを重視していることがわかります。

	明示的知識	暗示的知識
宣言的知識	1	4、5
手続き的知識	3	2

＊数字は教授法の変遷の番号を表わす。

　最近は「宣言的知識を暗示的知識の状態で習得する」ことを目指していることがわかります。つまり、教授法の観点からも先ほど述べた「宣言的知識、手続き的知識に限らず暗示的知識を増やすと良い」という考えは支持されていることがわかります。ただし、これは中級者以上に当てはまる学習方法です。

　この流れはまだ続くと予想されますがどう思いますか？　画期的な英語学習方法はありますか？

第二言語習得研究と学習者レベル

	第二言語習得研究	初級者向き	中級者向き	上級者向き
1	文法訳読法		○	
2	オーディオ・リンガル・メソッド	○	○	
3	変形生成文法理論			○
4	コミュニカティブ・アプローチ		○	○
5	インプット仮説		○	○

　上記の表は私見ですが、第二言語習得研究での英語教授法と学習者

レベルとの関係です。

　そこで、「**オーディオ・リンガル・メソッド　→　文法訳読法　→　インプット仮説（読み・書き）／コミュニカティブ・アプローチ（聞き・話す）**」、の順に学習者に教授する／学習者は学ぶ、のが良いと思われます。もちろん、これらをうまく取り交ぜて教える／学ぶことが必要でしょう。今後、また新しい教授法が開発されることでしょう。なお、**変形生成文法**は文法を例外なく解明しようとする試みですから、大まかな理論を理解することは大事ですが、研究者以外では十分に理解し、活用するのは難しいでしょう。

第 1 章

1 − 歴史 1．―英語史―

　英語の歴史は主に以下の時代区分に分けられます。古英語（Old English）は、5 世紀頃から 1066 年頃まで、中英語（Middle English）は、1066 年頃から 15 世紀末まで、近代英語（Modern English）は、15 世紀末から現在までです。古英語の特徴としては、基本的な生活語彙や宗教語彙にはラテン語からの借用語が含まれていました（例：street, kitchen, school, church）。9 世紀半ば以降、デーン人の侵略により古ノルド語の影響を受け、語彙が増えました。古英語の発音は、現代の英語とはかなり異なります。古英語では、発音はより伝統的で、母音の長短の区別があり、子音の発音も異なります。また、古英語には「声調」という音声的な要素もありましたが、後の段階で失われました。古英語は"full inflection"（完全屈折）の言語でした。名詞には性（gender）、数（number）、格（case）の 3 つのカテゴリーがありました。動詞には人称（person）、数（number）、法（mood）、時制（tense）のカテゴリーがありました。形容詞には性・数・格の一致を示す屈折体系がありました。古英語期には、アルフレッド大王の文教政策によりウェセックス方言が一種の「標準語」として認められていました。しかし、中英語期に入ると、社会的変化や外国語の影響により言語が大きく変化し、屈折語尾の衰退が進みました。この変化は英語の形態論における最大の出来事とされ、英語の言語類型を大きく変えることになりました。

第 1 章

　中英語（Middle English）は、12 世紀から 15 世紀半ばまでの英語の段階です。中英語は古英語から進化し、ノルマンの征服後にフランス語の影響を受けました。中英語の最も有名な作品の 1 つは、ジェフリー・チョーサーの「カンタベリー物語」です。ノルマンの征服は、1066 年にノルマンディー公ウィリアム（ウィリアム 1 世）がイングランドを征服した出来事です。この征服により、英語にフランス語（特にノルマン語）の影響が強く現れました。多くのフランス語の語彙が英語に取り入れられ、特に法律、行政、貴族の生活に関連する語彙が増えました。大母音推移（Great Vowel Shift）は、15 世紀から 17 世紀にかけて起こった英語の母音音韻体系の大きな変化です。この変化により、中英語の母音が現代英語の母音に変化しました。例えば、中英語の"bite"は"beet"に近い発音でしたが、大母音推移を経て現在の"bite"の発音になりました。百年戦争（1337 年〜1453 年）は、イングランドとフランスの間で行われた長期にわたる戦争です。この戦争により、イングランドではフランス語の使用が減少し、英語が再び主要な言語としての地位を取り戻しました。これにより中英語が発展し、次第に近代英語へと進化していきました。初期近代英語（Early Modern English）は、15 世紀末から 1650 年頃までの英語です。この時期には印刷技術の普及により、標準的な英語が形成されました。また、ルネサンスの影響で多くのラテン語やギリシャ語の語彙が英語に取り入れられました。近代英語（Modern English）は、1650 年頃から現在までの英語です。この時期には、英語の文法がさらに簡略化され、現在の英語の形に近づきました。大母音推移の影響もこの時期に完了し、現代英語の音韻体系が確立されました。

問題

1 －歴史 1 ．次の英語学の用語の説明で適切なものを記号で選びなさい。—英語史—

1−歴史1．—英語史—

1. (　　　) およそ西暦700年から1100年頃までの英語を言う。
2. (　　　) 現代英語とかなり異なり、屈折が豊かな言語で、比較的語順も自由だった。しかし、例えば、名詞句複数形では主格と対格が常に同形であるなど、項構造を屈折だけに依存する不備な部分があった。また、語の強勢が第1音節にあったことから、語末音節の母音の「あいまい化」が起こり、その結果、屈折語尾の水平化が起こるなど、その後の英語の歴史的変化の中で屈折が衰退していく要因が既に含まれていた。
3. (　　　) 現在の英語では別の音素となっている/f/と/v/が同じ音素の異音であったり、二重母音が母音2つ分の長さを持つなど、現在の英語と異なる部分があった。
4. (　　　) 借用語よりも語形成による語彙拡大の方が多かった。その他、この時期の英語には、現在使われている英語にはない特徴が多く存在した。
5. (　　　) 西暦1100年頃から1500年くらいまでの英語を指す。無強勢音節における母音の弱化、ある環境での母音や子音の変化などの音変化、屈折語尾の単純化、格の消失とそれに代わる前置詞の発達、語順の確立と助動詞の発達などがあげられる。また、フランス語、ラテン語から語彙を借用することによる語彙の増大もあった。この時期の初期に、ノルマンディー公ウイリアムのイングランド征服、即ちノルマン征服（1066年）以降のフランス語使用の隆盛があり、その後、フランスとイギリスの百年戦争（1337〜1453）に触発された国粋主義の広がりや、労働者階級の台頭を原因として、英語はイギリスの国語としての地位を固め、15世紀には宮廷や議会でも英語が使用されるようになった。
6. (　　　) およそ1500年以降、現在に至るまでの英語を指す。16世紀以降の英語は、現在の英語とさほど差はない。しかし、この時期の英語は大母音推移を経験したため、それ以前とは発音面では著しい変

化がある。その他、社会方言が現れ始めたこと、英語が世界的に広まってきたことなどがその特色としてあげられる。

7. （　　）1066年、ノルマン人（北欧人の一人種）のノルマンディー公ウイリアムのイングランド征服。

8. （　　）フランス国内のイギリス領の帰属（どこに属するか）とフランドル（ベルギー西部、オランダ南西部、フランス北端）羊毛工業地帯をめぐって、イギリス・フランス間に行われた戦争（1337～1453）。イギリスがやや優勢で（フランスにジャンヌ＝ダルクが出現する）、講和をする。

9. （　　）15世紀～17世紀に、英語の長単母音の発音が体系的に変化した現象。舌が前寄りの母音はより前方で上方の長母音へ、後寄りの母音はより後方で上方の長母音へ推移する。すでに最上位の母音（[i:]と[u:]）は二重母音（[ai]と[au]）に変化していた。

10. （　　）ゲルマン人達が、ブリテン島にもたらした言語が今日の英語の祖先である。その後、英語は以下のように変化していく。①古英語（OE：Old English）450年～1100年、②中英語（ME：Middle English）1100年～1500年、③近代英語（ModE：Modern English）1500年～。なお、近代英語を1900年までとし、1900年以降を特に、現代英語（PDE：Present-day English）とすることもある。

ア．中英語
イ．大母音推移
ウ．古英語の形態論
エ．古英語の発音
オ．近代英語
カ．百年戦争
キ．古英語の語彙
ク．古英語

ケ．英語の時代区分
コ．ノルマンの征服

2－音基1〜3．—音声基礎—

　母音（vowel）は、声帯の振動によって生成され、口腔内での気流の制約が少ない音です。母音は、言語の音声体系において基本的な役割を果たし、音節の核となることが多いです。母音の特徴は、舌の位置（前舌・後舌）、舌の高さ（高・中・低）、唇の丸め（円唇・非円唇）などによって分類されます。単母音（monophthong）は、発音中に音質が変化しない母音です。これは、舌の位置や唇の形が一定のままで発音される母音を指します。英語の例としては、/iː/（see の母音）や/æ/（cat の母音）などがあります。拗音（diphthong）は、発音中に音質が変化する母音です。これは、2つの異なる母音が連続して発音される際に、1つの音節内で滑らかに移行する音を指します。例えば、英語の"boy"の"oy"や"ride"の"ai"の音が拗音です。

　母音は舌の高さによって分類されます。高母音（high vowel）は、舌が高い位置にある母音であり、例としては、英語の/i/（see の母音）や/u/（food の母音）があります。中母音（mid vowel）は、舌が中間の高さにある母音であり、例としては、英語の/e/（bed の母音）や/ɔ/（thought の母音）があります。低母音（low vowel）は、舌が低い位置にある母音であり、例としては、英語の/æ/（cat の母音）や/ɑ/（father の母音）があります。母音は舌の前後位置によっても分類されます。前母音（front vowel）は、舌が前方に位置する母音であり、例としては、英語の/i/（see の母音）や/e/（bed の母音）があります。後母音（back vowel）は、舌が後方に位置する母音であり、例としては、英語の/u/（food の母音）

や/ɔ/（thought の母音）があります。母音は唇の形によっても分類されます。円唇母音（rounded vowel）は、唇が丸くなる母音であり、例としては、英語の/u/（food の母音）や/ɔ/（thought の母音）があります。平唇母音／非円唇母音（unrounded vowel）は、唇が丸くならない母音であり、例としては、英語の/i/（see の母音）や/æ/（cat の母音）があります。

弛緩母音（lax vowel）は、発音時に舌の筋肉が比較的緩んだ状態で発音される母音です。一般的に、弛緩母音は短母音（short vowel）と関連付けられます。短母音は、発音時間が比較的短い母音を指します。例としては、英語の /ɪ/（"bit" の母音）や /ʊ/（"put" の母音）があります。緊張母音（tense vowel）は、発音時に舌の筋肉が比較的緊張した状態で発音される母音です。多くの場合、緊張母音は長母音（long vowel）と関連付けられます。長母音は、発音時間が比較的長い母音を指します。例としては、英語の /iː/（"beat" の母音）や /uː/（"boot" の母音）があります。二重母音（diphthong）は、1つの音節内で2つの母音の音質が連続して変化する母音です。発音の開始点と終了点で異なる母音の特徴を持ちます。例としては、英語の /aɪ/（"my" の母音）や /aʊ/（"now" の母音）があります。三重母音（triphthong）は、1つの音節内で3つの母音の音質が連続して変化する母音です。英語では比較的稀ですが、一部の方言や発音では観察されます。例としては、英語の /aɪə/（"fire" の母音、一部の発音で）や /aʊə/（"hour" の母音、一部の発音で）があります。

子音（consonant）は、発音時に気流が調音器官によって部分的または完全に妨げられる音です。子音は、母音と異なり、音節の核にはならないことが多いです。弁別的素性（distinctive feature）は、音声を区別するための基本的な特徴です。これらの素性は、音韻論において音素を分類し、言語の音声体系を理解するために用いられます。子音の弁別的素性には以下のようなものがあります。有声/無声（voiced/voiceless）：

声帯が振動するかどうか。調音（articulation）は、音声を生成する過程で、調音器官を使用して気流を制御することを指します。調音器官（articulator）は、音声を生成するために使用される身体の部分です。主な調音器官には以下があります：唇（lips）、舌（tongue）、歯（teeth）、硬口蓋（hard palate）、軟口蓋（soft palate）、声帯（vocal cord）。調音点（place of articulation）は、調音器官が気流を制御する位置を指します。主な調音点とそれに伴う子音には、以下のものがあります。両唇音（bilabial）：両方の唇が接触する（例：/p/, /b/）、歯音（dental）：舌が歯に接触する（例：/θ/, /ð/）、歯茎音（alveolar）：舌が歯茎に接触する（例：/t/, /d/）、硬口蓋音（palatal）：舌が硬口蓋に接触する（例：/ʃ/, /ʒ/）、軟口蓋音（velar）：舌が軟口蓋に接触する（例：/k/, /g/）。調音様式（manner of articulation）は、調音器官がどのように気流を制御するかを指します。主な調音様式とそれに伴う子音には、以下のものがあります。閉鎖音（stop consonant）または破裂音（plosive）は、調音器官が完全に閉鎖され、気流が一時的に止まり、その後急に開放されることで生じる音です。例としては、英語の /p/（pat）、/t/（tap）、/k/（cat）などがあります。摩擦音（fricative）は、調音器官が部分的に閉鎖され、狭い通路を通る気流が摩擦を生じることで発音される音です。例としては、英語の /f/（fine）、/s/（see）、/ʃ/（she）などがあります。破擦音（affricate）は、閉鎖音と摩擦音が連続して発音される音です。調音器官が完全に閉鎖され、その後ゆっくりと開放されることで摩擦音が続きます。例としては、英語の /tʃ/（church）、/dʒ/（judge）などがあります。側音（lateral consonant）は、舌の中央部分が上の歯茎や口蓋に接触し、気流が舌の両側を通る音です。英語の /l/（light）が代表的な側音です。鼻音（nasal consonant）は、口腔内の気流が完全に閉鎖され、気流が鼻腔を通る音です。例としては、英語の /m/（man）、/n/（no）、/ŋ/（sing）などがあります。半母音（glides または semi-vowel）は、母音と子音の中間的な性質を持つ音です。発音時に気流の制約が少

なく母音に似た音質を持ちますが、音節の核にはならず子音として機能します。例としては、英語の/j/（yes）、/w/（we）などがあります。帯気音（aspirated consonant）は、発音後に強い息の流れが続く子音です。英語では、語頭の無声閉鎖音が帯気音になることが多いです。例としては、/pʰ/（pat）、/tʰ/（tap）、/kʰ/（cat）などがあります。

撥音（nasal sound）は日本語に特有の音で、「ん」で表される音です。英語では、これに直接対応する音はありませんが、鼻音の一種として理解できます。英語の鼻音に似た例では以下のものがあります。例：英語の"m"や"n"の音："man"（この単語の"m"音や"n"音）。促音（geminate consonant）は、小さい「っ」で表される音で、次の子音が二重になることで表現されます。英語の単語では、子音が二重に現れることで同様の効果が生じる場合があります。例："bookkeeper"（"k"が二重）。日本語の「がっこう（gakkou）」、「きっぷ（kippu）」。子音連結（consonant cluster）は、複数の子音が連続して発音される現象です。英語では頻繁に見られますが、日本語ではあまり一般的ではありません。例："street"（"str"が子音連結）、"clock"（"cl"が子音連結）。日本語の外来語の例：「ストリート（sutoriito）」、「クロック（kurokku）」。

> 問題

2－音基1．次の英語学の用語の説明で適切なものを記号で選びなさい。―音声基礎―

1. （　　）舌が口蓋に向かってやや高められる母音。/e/、/ə/、/ə:/、/o/がある。
2. （　　）舌が口蓋に向かってあまり高められない母音。/ɛ/、/æ/、/ʌ/、/ɔ:/、/ɔ/、/ɑ:/、/ɑ/がある。
3. （　　）両唇を丸めて調音される母音。/u:/、/u/、/o/、/ɔ:/、/ɔ/など

がある。

4. （　　）両唇を平たい状態で調音される母音。/iː/、/i/、/e/、/ɛ/、/æ/、/ə/、/əː/、/ʌ/、/ɑː/、/ɑ/などがある。
5. （　　）調音の際に舌が緊張しない母音で、短母音ともいう。/i/、/e/、/ɛ/、/æ/、/a/、/ʌ/、/ə/、/ɑ/、/ɔ/、/o/、/u/がある。
6. （　　）調音の際に舌が緊張する母音で、長母音：/iː/、/əː/、/ɑː/、/ɔː/、/uː/や、調音時に、初めの母音から次の母音へとその調音点が移動し、それに伴い調音器官の形状に変化が生じるもの、即ち「2つの連続する母音が単一音節を成したもの」である二重母音：/ei/、/ai/、/ɔi/、/au/、/ou/、/iə/、/ɛə/、/ɔə/、/uə/がある。/aiə/、/aiə/、/auə/、/auə/などの三重母音もある。
7. （　　）調音の際に舌が緊張する母音で、緊張母音ともいう。/iː/、/əː/、/ɑː/、/ɔː/、/uː/がある。
8. （　　）調音の際に舌が緊張しない母音で、弛緩母音ともいう。/i/、/e/、/ɛ/、/æ/、/a/、/ʌ/、/ə/、/ɑ/、/ɔ/、/o/、/u/がある。
9. （　　）調音時に、初めの母音から次の母音へとその調音点が移動し、それに伴い調音器官の形状に変化が生じるもの。「2つの連続する母音が単一音節を成したもの」ということもできる。緊張母音ともいう。/ei/、/ai/、/ɔi/、/au/、/ou/、/iə/、/ɛə/、/ɔə/、/uə/がある。
10. （　　）二重母音の後に更に/ə/、/ə/が付加されたもので、一音節として発音されるもの。「3つの連続する母音が単一音節を成したもの」ということもできる。/aiə/、/aiə/、/auə/、/auə/などがある。二音節に切って発音がなされるために、二重母音+/ə/、/ə/として考えられる傾向がある。緊張母音ともいう。

ア．低母音
イ．弛緩母音（短母音は正解ではない）
ウ．三重母音（緊張母音は正解ではない）

第1章

エ．平唇母音／非円唇母音
オ．中母音
カ．円唇母音
キ．緊張母音（長母音や二重母音や三重母音は正解ではない）
ク．二重母音（緊張母音は正解ではない）
ケ．長母音（緊張母音は正解ではない）
コ．短母音（弛緩母音は正解ではない）

|問題|

2－音基2．次の英語学の用語の説明で適切なものを記号で選びなさい。―音声基礎―

1. （　　　）口蓋帆を閉じた上で声道のどこかに完全に気流を遮断する閉鎖をもつ音をいう。/p/、/t/、/k/、/b/、/d/、/g/がある。
2. （　　　）気流が声道の狭い部分を通過するか、歯や声道壁面の凹凸にあたるかして生じる気流の乱れによって聞かれる音をいう。/f/、/θ/、/s/、/ʃ/、/h/、/v/、/ð/、/z/、/r/、/ʒ/がある。
3. （　　　）声道の中央を閉じ、左右側面（時に、どちらか一方）に気流の通路をつくって発する音をいう。/l/がある。側音と半母音を合せて、流音と呼ぶ。
4. （　　　）閉鎖音とその後に続く同器性摩擦音の結合した音をいう。/ts/、/tʃ/、/dz/、/dʒ/がある。
5. （　　　）口腔に閉鎖があるとないとにかかわらず、気流が鼻腔を通る音をいう。/m/、/n/、/ŋ/がある。
6. （　　　）音響的には母音とほぼ等価の性質をもつが、機能的には子音同様、音節副音にしかならない音をいう。/w/、/r（米語）/、/j/がある。半母音と側音を合せて、流音と呼ぶ。

7. (　　) 舌の前部が高くなる母音。/iː/、/i/、/e/、/ɛ/、/æ/、/a/がある。
8. (　　) 舌が口蓋に向かって非常に高められる母音。/iː/、/i/、/uː/、/u/がある。
9. (　　) 舌の後部が高くなる母音。/uː/、/u/、/o/、/ɔː/、/ɔ/、/aː/、/a/がある。

ア．摩擦音
イ．高母音
ウ．側音
エ．破擦音
オ．閉鎖音（破裂音）
カ．鼻音
キ．後母音
ク．前母音
ケ．半母音

問題
2－音基3．次の英語学の用語の説明で適切なものを記号で選びなさい。―音声基礎―

1. (　　) 肺から口の外まで、調音器官によって大きな抵抗を受けずに出される有音声のことである。
2. (　　) 声門から唇までの声道において、流れる空気を閉鎖により全部もしくは一部遮断したり、せばめにより摩擦させたりして発する言語音声。
3. (　　) ある音素を別の音素から区別するのに必要な音声的特徴。
4. (　　) 調音点、調音様式、有声・無声の別、の3つがそれを表す分

類である。
5. (　　) 1つの短母音又は長母音が単一音節を成したもの。
6. (　　) 語中または語尾にあって、1音節をなす鼻音（＝鼻腔の共鳴を伴う音声[m][n][ŋ：ング]）。平仮名では「ん」。
7. (　　) つまる音。日本語では、「っ」。
8. (　　) 日本語では、ア、ウ、オの母音に半母音[j：(ギ)ｲ]を伴った子音または口蓋（こうがい）化（＝[i]のような前舌の母音あるいはこれに類する[j]に近接する音が同化されて、前舌面が硬口蓋に近づく現象）した子音が先行する音節。「きゃ」「しゅ」「ちょ」など。

ア．撥音（はつおん）
イ．弁別的素性
ウ．拗音（ようおん）
エ．単母音
オ．子音
カ．促音
キ．子音の弁別的素性
ク．母音

3 - 音応 1〜3．―音声応用―

音韻（phoneme）は、言語の最小音声単位で、その音の変化が意味の変化をもたらす可能性がある音です。言語内での音の区別を決定するために重要です。音節（syllable）は、音韻のグループで通常は母音で始まり、一つまたは複数の子音で終わります。音節は、発音や韻律の単位として機能し、通常は一つの発音単位として処理されます。韻律は言語

のリズムや抑揚を指し、英語のような強勢拍リズム（stress-timed rhythm）と日本語のような音節拍リズム（syllable-timed rhythm）あるいはモーラ拍リズム（mora-timed rhythm）があります。英語の韻律特性は、母音の強化と子音の弱化という音韻変化の傾向に影響を与えてきました。ライム（rhyme）は詩や歌における韻を指します。英語の詩では、古英語期の頭韻（alliteration）から中英語期以降の脚韻（rhyme）へと主流が変化しました。韻律範疇は、言語のリズム構造を分析する際に用いられる概念で、音節の「軽重」などが含まれます。非線状音韻論（non-linear phonology）は、音韻要素を階層的に捉える理論です。この理論では、音素間の結びつきの強弱を考慮し、音節構造や韻律構造を階層的に分析します。これらの概念は言語の音声構造を理解する上で重要であり、特に英語のような強勢拍リズム（stress-timed rhythm）を持つ言語と日本語のような音節拍リズム（syllable-timed rhythm）を持つ言語の違いを理解する際に役立ちます。

　音素（phoneme）は、音韻論における基本的な単位です。音素は、言語上の意味の違いを引き起こす音の最小単位であり、言語内で区別される音の種類を示します。例えば、英語の"p"と"b"は、異なる音素であり、それぞれ異なる単語の意味を区別します（例："pat"と"bat"）。音韻論（phonology）は、言語の音声構造を研究する分野で、音素や強勢などの要素を扱います。音素は言語の最小の音声単位であり、意味の区別に寄与します。強勢（stress）は、英語の音韻体系において特に重要な役割を果たします。英語は強勢拍リズム（stress-timed rhythm）を持つ言語として知られており、これは強勢が等間隔で繰り返されるリズムを指します。この特徴は日本語のような音節拍リズム（syllable-timed rhythm）あるいはモーラ拍リズム（mora-timed rhythm）を持つ言語とは異なります。英語の強勢パターンは、単語レベルでは固定的な語彙強勢（fixed lexical stress）として現れ、これが英語の音韻変化に影響を与えてきました。特に、母音の強化と子音の弱化という傾向は、この

強勢パターンと関連していると考えられています。日本人英語学習者にとって、英語の強勢の置き方は特に難しい点の一つとされています。これは日本語と英語のリズムの違いに起因すると考えられます。音声英語の文法においては、強勢（stress）、音の高さ（pitch）、息つぎ（breather）と休止（pause）の関係が重要です。これらの要素が組み合わさって英語特有のリズムと抑揚を生み出しています。

　分節（segmentation）は、言語音を個別の単位（音素や音節）に分けるプロセスを指します。分節音（segment）は、これらの個別の音声単位であり、具体的には母音や子音が含まれます。分節音は言語の音韻体系を構成する基本的な要素です。代償長音化（compensatory lengthening）は、音韻変化の一種で、ある音が失われた際にその音の消失を補うために隣接する音が長くなる現象を指します。例えば、ある母音が消失すると、その前後の母音が長音化することがあります。これは、音節のモーラ数（音の長さを測る単位）を保つために起こることが多いです。日本語においても、モーラ数を保つために代償的な分節音挿入として、促音化（小さな「っ」）や長音化が行われることがあります。この現象は、特にモーラ的鼻音（「ん」）の挿入として観察されることがあります。モーラ（Mora、拍）は、韻律学における時間単位で、音節の長さやリズムを測るために使用されます。モーラは、日本語のような音節タイミング言語において特に重要です。「がっこう（gakkou）」は4モーラ（「が」、「っ」、「こ」、「う」）で構成されます。「さくら（sakura）」は3モーラ（「さ」、「く」、「ら」）で構成されます。

　ミニマルペア（minimal pair）とは、1カ所の音の違いだけで意味が区別できる単語のペアを指します。これは音声学や音韻論において、ある言語の語の意味を弁別する最小の単位である音素の範囲を認定するために用いられます。例えば、日本語の「さか」/saka/と「たか」/taka/は、/s/と/t/の違いだけで意味が異なるため、ミニマルペアとなります。異音（allophone）は、同じ音素の異なる発音バリエーションを指しま

す。異音は、特定の文脈や環境に依存して現れるため、ある言語の話者にとっては同じ音素として認識されます。例えば、日本語の音素/s/は、/s/や/θ/として発音されることがありますが、どちらも「さか」/saka/として認識されます。相補（complementarity）とは、ある要素がある環境では現れず、その代わりに他の要素が現れるという関係のことです。このような関係は、異音がどのように分布しているかを説明するために重要です。相補分布（complementary distribution）は、異音が特定の環境や文脈においてのみ現れる現象を指します。異音が相補分布にある場合、それらは同じ音素の異なるバリエーションとして認識されます。例えば、英語の音素/p/は、語頭では帯気音（aspiration）/pʰ/として発音され、語中や語尾では非帯気音/p/として発音されますが、これらは相補分布にあり、同じ音素/p/の異音とされます。異音の相補分布とは、同じ音素の異音が異なる環境にのみ現れ、同じ環境では現れないことです。つまり、一方の異音が現れる場所では、他方の異音は決して現れません。

問題

3－音応1．次の英語学の用語の説明で適切なものを記号で選びなさい。―音声応用―

1. （　　）調音体（/s/、/k/などの調音における舌のように、ある音の調音を行う自由に動く音声器官）によって妨げ（閉鎖、狭めなど）が作られる位置、主に子音についていう。
2. （　　）調音{呼気（まれに吸気）に対して、声門から上の音声器官が音を発するのに必要な位置をとったり、運動したりすること}の仕方。
3. （　　）子音が続くこと。
4. （　　）ある1つの言語で用いる音の単位で、意味の相違をもたらす

最小の単位。

5. （　　）音素を対象にして、その種類・特徴、結合上の規則性、音声的プロセス、韻律（＝詩の音声的な形式）などを研究すること、またその結果。
6. （　　）お互いの欠けた部分を補いあうこと。
7. （　　）有気音。無声破裂音/p/、/t/、/k/で破裂後しばらく声門が無声の状態（開放状態）となり、母音の発音の前に気息（息づかい、呼吸）を伴う音。
8. （　　）語の中にある音節を際立たせるために強化される力の程度。音の強弱・高低・長短などで示される。

ア．子音連結
イ．相補
ウ．帯気音
エ．調音様式
オ．音韻論
カ．強勢（stress）
キ．調音点
ク．音素

|問題|

3－音応2．次の英語学の用語の説明で適切なものを記号で選びなさい。—音声応用—

1. （　　）声調・アクセント。詩の音声的な形式。
2. （　　）言語に見られる音の単位の区切れ、意味の単位の区切れを基に発せられる音。

3. (　　) 韻。押韻：単語または詩行（しぎょう）の特に末尾部分の音が同一で、その直前の子音は異なること。
4. (　　) 線状モデル（すべてのNP移動が適用されているがwh移動は適用されていないレベルであるNP構造の存在を仮定する文法のモデル）に基づく古典的生成音韻論の不備を補うために提案された、立体的構造を設定する自律分節理論・韻律理論などの総称。音節、音調、母音調和、鼻音化などの分析に優れる。
5. (　　) 言語に見られる音の単位の区切れ、意味の単位の区切れ。
6. (　　) 韻律面の分類単位で、音節、韻脚、韻律語、音韻句などから成る。
7. (　　) 音素、または音素と韻律（音調、アクセント）とを合せた単位。
8. (　　) ある分節音が削除され、その代償として、それに近接する分節が長音化する現象をいう。

ア．rhyme（ライム）
イ．代償長音化
ウ．分節
エ．韻律
オ．非線状音韻論
カ．分節音
キ．韻律範疇
ク．音韻

問題
3－音応3．次の英語学の用語の説明で適切なものを記号で選びなさい。―音声応用―

第 1 章

1. （　　）最小対（語）のことである。他のものが全て同じで、1 つの要素だけが異なる対のことである。音韻論では、ある言語の音素を見つけ出すのに使われる。例えば、pick と kick は、それぞれ、/pik/ と /kik/ という音素を持つが、この 2 つは、語頭の音素以外は同じであり、最小対語をなす。ある言語で最小対語をなす 2 語が見つかれば、その違いを作り出す音はその言語の異なる音素であることがわかる。もし、それらが同じ意味ならば、その音はその言語の異なる音素ではない。

2. （　　）同じ音素が環境に応じて異なった音として現れたもの。ある音素が音として実現される場合、周りにどのような音があるかという環境によって、音声レベルでは質的に異なる音となることがある。この別の音のことをいう。

3. （　　）ある音素が音として実現される場合、周りにどのような音があるかという環境によって、音声レベルでは質的に異なる音となることがある。この異なる音を異音という。通常、ある音素の 1 つの異音は、同じ音素の別の異音が現れない音声環境に現れる。この状態のことである。例えば、英語において、同じ /p/ という音素で表される音であっても、pie の p は強い帯気音を伴う $[p^h]$ となるが、spy の p は帯気の弱い無気音の [p] である。この $[p^h]$ と [p] は同じ音声環境には現れない。[p] と $[p^h]$ のように、英語では帯気音｛母音の発音の前に気息（息づかい、呼吸）を伴う音｝があってもなくても意味を変えることはないが、世界の言語によっては帯気音の有無で意味の異なる別の語になる場合もある。そのような場合には、当該言語において [p] と $[p^h]$ は異音とは認められず、別々の音素になる。

4. （　　）母音や子音の長さを規定したり、音節の重さを計ったり、強勢や拍を担う韻律単位のことである。英語が音節言語であるのに対し、日本語はしばしば「〜言語」と言われる。これは、英語のリズムが、強勢（stress）を受ける音節を中心に作られるのに対して、日本

語のリズムは「〜」がほぼ同じ長さでつながることによって構成されているためである。短音節1個の長さを示す単位であり、長音節1個は2「〜」になる。日本語では、仮名1字に、拗音（「きゃ」「しゅ」「ちょ」など）では2字に相当する時間の単位である。例えば、「コト」（事）、「コー」（甲）、「コン」（紺）、「キョー」（今日）は2「〜」で、「イッタ」（行った）、「カッタ」（買った）は3「〜」となる。
＊「〜」には正解の語が入る。

5. （　　）1つ又はそれ以上の単音で構成され、語の構成単位となるもの。
6. （　　）呼気（まれに吸気）に対して声門から上の音声器官が音を発するのに必要な位置をとったり、運動したりすること。
7. （　　）声門（声帯の間にある狭い隙間）から上の音声器官。

ア．（異音の）相補分布
イ．音節
ウ．調音
エ．異音
オ．mora（モーラ／拍）
カ．調音器官
キ．ミニマルペア（minimal pair）

4－語法1〜2．―語法―

　語形成（word formation）は単語がどのように作られるかのプロセスです。語根、接頭辞、接尾辞などを使用して新しい単語を作成する方法です。語根創造（root creation）は、新しい語根を作り出すことで、新

造語（new word）は新しい単語を作り出すことを指します。たとえば、科学技術の進歩により新しい概念が登場すると、新しい単語が作られることがあります。特に技術や商業の分野で見られます。例えば、"e-bank"、"e-commerce"（接頭辞"e-"を使用した新語）があります。借用（borrowing）とは他の言語から単語を借りてきて、自分の言語に取り入れること。たとえば、英語の"computer"を日本語に取り入れて「コンピュータ」とするような例です。固有名詞の普通名詞化とは、固有名詞が一般的な意味を持つ普通名詞として使用されるようになることです。例えば、「ホッチキス」（Hotchikiss：元々はホッチキス社の製品名）が一般的にステープラー（stapler）を指すようになった例です。

逆形成（back-formation）は、既存の単語から、接辞と思われる部分を取り除いて新しい単語を作る方法です。例えば、"editor"から"edit"が作られ、"television"から"televise"が作られました。短縮（shortening）は、長い単語やフレーズを短くすることです。例えば、"television"を"TV"としたり、"influenza"を"flu"とするような例です。頭文字結合（initialism）は、単語や句の各単語の頭文字を取り、その頭文字を結合して新しい語を作ることを指します。これらの頭文字は通常、個別に発音されます。例えば、BBC（British Broadcasting Corporation）、FBI（Federal Bureau of Investigation）、ASAP（as soon as possible）などです。頭文字語（acronym）は、頭文字結合と似ていますが、頭文字から作られた語を一つの単語として発音するものを指します。例えば、"NASA"（National Aeronautics and Space Administration）や"RADAR"（Radio Detection and Ranging）などです。混成（blending）は、2つ以上の単語の一部を組み合わせて新しい単語を作る方法です。例えば、"smoke" + "fog" → "smog"、"breakfast" + "lunch" → "brunch"などがあります。

複合（compound）は、2つ以上の独立した単語を組み合わせて新しい単語を作る方法です。例えば、"blackboard"（黒板）は"black"（黒い）

と"board"（板）を組み合わせた複合語です。複合語は、スペースやハイフンを使って書かれることもありますが、1つの単語として書かれることもあります。派生（derivation）は、語幹に接頭辞や接尾辞を付け加えて新しい単語を作る方法です。例えば、"happiness"（幸福）は"happy"（幸せ）に接尾辞"-ness"を付け加えて作られた派生語です。この方法では、単語の意味や品詞が変わることがあります。転換（conversion）は、単語の形を変えずに品詞を変える方法です。例えば、"to email"（メールを送る）は名詞"email"（メール）から派生した動詞です。この方法は、単語の形態を変えずに新しい意味や機能を持たせることができます。屈折（inflection）は、単語の形を変えることで文法的な情報を付加する方法です。例えば、動詞の時制を示すために"walk"（歩く）を"walked"（歩いた）に変える場合や、名詞の複数形を示すために"cat"（猫）を"cats"（猫たち）に変える場合が屈折の例です。

形態素（morpheme）は言語の最小の意味単位です。「他のいかなる形式とも部分的な音声－意味的類似性を持たない言語形式」と言うことができます。例えば、"understand"は1語ですが、"under-"と"-stand"という2つの形態素から成ります。異形態（allomorph）とは、同じ形態素が異なる環境で異なる形をとることです。異形態は形態素がどのように発音されるかに影響を与えますが、基本的な意味は変わりません。英語の例：複数形の形態素"-s"は異なる環境で異なる形をとります："cats"の[s]、"dogs"の[z]、"buses"の[ɪz]。日本語の例：助数詞「本（hon）」は、「いっぽん（ippon）」、「にほん（nihon）」、「さんぼん（sanbon）」のように異なる形態を取ります。（形態素の）相補分布（complementary distribution（of morphemes））とは、同じ形態素の異形態が異なる環境でのみ現れ、同じ環境では現れないことを指します。ある環境に特定の異形態が現れるとき、他の異形態はその環境には現れません。例：英語の例：複数形の形態素"-s"の異形態[s], [z], [ɪz]はそれぞれ特定の音声環境で現れます。"cats"（無声音の後）、"dogs"（有声音の後）、

"buses"(歯擦音/s , z/の後)。日本語の例:「本(hon)」の異形態 [ippon]，[nihon]，[sanbon] はそれぞれ特定の数詞の後に現れます。いくつかの数詞は特定の異形態を要求します。語彙素（lexeme）は、意味を持つ最小の単位のことを指します。これは単語や形態素のことを含みますが、それ自体が分割できない最小の単位として機能します。例："run"（"running"や"runs"などの基本形）、"happy"（"happier"や"happiness"などの基本形）、"book"（"books"や"booking"などの基本形）。日本語の「花（はな）」、「食べる（たべる）」、「美しい（うつくしい）」。

問題

4－語法1．次の英語学の用語の説明で適切なものを記号で選びなさい。―語法―

1.（　　）ことばをそのまま輸入することであり、philosophy（ギリシャ語）、avant-garde（フランス語）、balcony（イタリア語）、boss（オランダ語）、alcohol（アラビア語）、yogurt（トルコ語）、robot（チェコ語）などがその例である。

2.（　　）特別の事物に対してそれに関係する人物の名前をつけることである。cardigan, sandwich, guy, guillotine などがその例である。

3.（　　）既存の語の一部が接辞と誤認され、取り除かれて新しい語が形成されることをいう。これは、ただ単に長い表現を短くするのではなく、それによって「品詞を変える」というのが特徴である。beg（＜beggar）、edit（＜editor）、baby-sit（＜baby-sitter）、sightsee（＜sightseeing）などがその例である。

4.（　　）もとの語の一部の音節を残して新しい語を形成することをいう。「省略」ともいう。①頭部を残す型　ad（＜advertisement）、③中部を残す型　flu（＜influenza）、frig（＜refrigerator）、②語尾

を残す型　bus（＜omnibus：乗合自動車）などがその例である。

5. （　　）2語以上から成る句や複合語のそれぞれの頭文字を並べてつくられた語をいう。アルファベット読みするもの（GNP, YMCA など）と1語のように発音するもの（AIDS, UNESCO など）があるが、前者のみを initial word と呼び、後者を acronym と呼び、区別することもある。

6. （　　）既存の2つ（以上）の語の部分を結合して新しい語をつくることをいう。smog（←smoke + fog）、brunch（←breakfast + lunch）、heliport（←helicopter + airport）などがその例である。

ア．借用（borrowing）
イ．逆形成（back-formation）
ウ．頭文字語（acronym）
エ．混成（bending）
オ．短縮（shortening）
カ．固有名詞の普通名詞化

|問題|
4－語法2．次の英語学の用語の説明で適切なものを記号で選びなさい。―語法―

1. （　　）語基あるいは連結形が2つ以上組み合わされ、より大きな語の単位である語を形成する過程をいう。一般的に、左側の要素に第一強勢がおかれることが多く、全体の意味が構成要素の意味の総和にならない、などの特徴を持つ。dárk ròom（暗室）、gréen hòuse（温室）などがその例である。

2. （　　）主要な語形成過程の1つで、語基に接辞を添加することによ

第1章

って語を形成する過程をいう。接頭辞のつく例：unhappy（un + happy）、接尾辞のつく例：happiness（happy + ness）、teacher（teach + er）

3. （　　）形態的に接辞を添加しないで品詞を変化させる派生過程をいう。これはゼロ派生ともいう。condúct[動詞]→cónduct[名詞]、broom[名詞]→broom[動詞]、clean[形容詞]→clean[動詞]、professional[形容詞]→professional[名詞]などがその例である。

4. （　　）語が文中の他の語との文法関係を表示するために語形を変化させることをいう。名詞・代名詞・形容詞の、性・数・格によるもの（語形変化）と、動詞の人称・数・時制・法・態によるもの（活用）を含む。

5. （　　）意味を持つ最小の言語単位。単独で1語になる「自由〜」と、常に「自由〜」に付いて生じる「拘束〜」とに分かれる。　*「〜」には正解の語が入る。

6. （　　）語形成法の1つ（含めないこともある）。既存の造語要素をいっさい用いずに新語を形成すること。bowwow（わんわん），cuckoo（カッコウ），splash（ビシャッ）など音声象徴によるものが多数を占めるが、その他商標名 Kodak, nylon などがある。

7. （　　）文法形態の根底にある抽象的最小単位。たとえば、walk, walks, walked, walking/ tall, taller, tallest の該当単位はそれぞれ WALK, TALL である。またイディオム（成句）では、takeoff（離陸する）全体が1つの該当単位である。

8. （　　）1つの形態素（意味を持つ最小の言語単位）が、複数の形を持つ時、それらの形態素の呼び方。なお、それらは同じ意味を持つ。

9. （　　）語頭子音群（＝音節内で母音に先行する子音の並び）。例：core の c と r

10. （　　）1つの形態素が、複数の形を持つ時、それらを異形態と呼ぶ。異形態は同じ意味を持つ。形態は異なっていても、起こる環境を

異にするため、同一環境に生起して意味の対立をきたさない。このような、2つ（以上）の言語要素が同一の環境に生じない状態をいう。

ア．語彙素
イ．屈折（inflection）
ウ．語根創造／新造語
エ．派生（derivation）
オ．形態素（morpheme）
カ．転換（conversion）
キ．複合（compound）
ク．（形態素の）相補分布
ケ．異形態（allomorph）
コ．頭文字結合

5－生文1〜4．―生成文法―

　統語（syntax）は文の構造や単語の配列を扱う言語学の分野です。英語の統語規則は、主語－動詞－目的語（SVO）の基本語順を持ち、複雑な句や節の構造を含みます。例えば、"The cat chased the mouse."という文では、主語（The cat）、動詞（chased）、目的語（the mouse）の順序が英語の基本的な統語構造を示しています。言語学における表象（representation）は、言語の構造や意味を抽象的に表現する方法を指します。例えば、文の構造を樹形図で表したり、音素を音声記号で表したりすることが表象の例です。英語の音素表象では、/θ/のような記号が"th"の音を表すのに使用されます。水平化（flattening）は、階層構造を持つ言語要素を単純化または平坦化することを指します。例えば、複雑

な従属節構造を持つ文を、より単純な並列構造に変換することが水平化の一例です。"After she finished work, she went home."という文を"She finished work. She went home."と水平化することができます。英語の法助動詞（modal auxiliary）は、話者の態度や可能性、必要性などを表現するのに使用されます。主な法助動詞には以下のようなものがあります：can/could（能力、可能性），may/might（許可、可能性），must（義務、強い推測），should（助言、期待），will/would（意志、習慣）。従接詞（subordinating conjunction）は、従属節を主節に結びつける役割を果たします。英語の主な従接詞には以下のようなものがあります：because（理由），although（譲歩），if（条件），when（時），while（同時性、対比）。

有生（animate）と無生（inanimate）は、生命を持つものと生命を持たないものの区別です。有生性は、名詞が生命を持つ存在を指すか否かを区別する特性です。英語では、この区別が代名詞の選択や所有格の形成に影響を与えます。有生：人間や動物（who, he, she）。無生：物や抽象概念（which, it）。英語では、対格（accusative）は、直接目的語を表す格です。代名詞の場合、主格とは異なる形を取ります。ID規則（identity rule）は、文の構造において同一の要素が繰り返される場合に適用される規則です。英語では、省略や代名詞化によってこの規則が適用されます。例：John likes coffee, and Mary does too.（does = likes coffee）。項構造（argument structure）は、動詞が取る必須の要素（主語、目的語など）の構造を指します。英語の動詞は、その項構造によって分類されます。例：自動詞（1項動詞）：The baby sleeps.（主語のみ）他動詞（2項動詞）：She reads a book.（主語と直接目的語）他動詞（3項動詞）：He gave her a gift.（主語、間接目的語、直接目的語）。線形語順規則／線形順序規定（linear order rule）は文中の単語や句の順序を決定する規則です。英語の基本語順はSVO（主語—動詞—目的語）です。この規則は、文の要素がどのような順序で配置されるべきかを定め

ています。 例：The cat（S）chased（V）the mouse（O）.

　生成文法（generative grammar）は、ノーム・チョムスキーによって 1950 年代に提唱された理論で、言語の文法構造を形式的に記述し、文法的な文を生成するための規則体系を提供することを目的としています。生成文法の目標は、個別言語の妥当な理論を構築し、言語獲得の過程を説明することです。変形生成文法（transformational-generative grammar）は、生成文法の一部で、文の深層構造と表層構造を区別し、深層構造から表層構造への変形規則を定義します。これにより、文の生成と解釈の過程を説明します。生成文法全体の目的は、言語の認知的基盤を明らかにし、普遍文法（universal grammar：UG）を特定することです。パラメータ（parameter、媒介変数）は、生成文法の理論において、異なる言語間のバリエーションを説明するための設定可能な選択肢です。各言語は同じ基本的な文法規則（普遍文法）を持ちますが、パラメータの設定によって特定の言語の特徴が決まります。例えば、語順のパラメータ設定により、ある言語が SVO 型（主語－動詞－目的語）になるか、SOV 型（主語－目的語－動詞）になるかが決まります。モジュール（module：測定基準）は、生成文法において、文法の異なる側面を扱う独立したサブシステムです。各モジュールは特定の文法機能を担当し、相互に連携して言語の文法構造を生成します。例えば、統語モジュール、形態論モジュール、音韻モジュールなどがあります。樹形図／枝分かれ図（tree diagram）は、文の統語構造を視覚的に表現するための図で、文の構成要素間の階層関係を示します。生成文法では、句構造規則に基づいて樹形図を描き、文の生成過程を説明します。例えば、"The cat chased the mouse." という文の樹形図は、主語（NP）、動詞（VP）、目的語（NP）の階層構造を示します。（P: pharase　句）これらの概念は、生成文法の理解と研究において重要な役割を果たします。生成文法は、言語の深層的な規則と認知的基盤を明らかにすることを目指しており、言語学の理論的枠組みとして広く研究されています。

第1章

　伝統文法（traditional grammar）は、古典的な文法規則や用法を基にした言語記述の方法です。主に規範的アプローチを取り、「正しい」言語使用を教えることを目的としています。英語の伝統文法では、品詞分類、文の成分、時制、態などの基本的な概念を扱います。一般（化）句構造文法（GPSG : generalized phrase structure grammar）は、1970年代後半から1980年代に開発された形式文法理論です。チョムスキーの生成文法を基にしていますが、変形規則を使用せず、より制約に基づいたアプローチを取ります。GPSGは、文の構造を階層的な句構造で表現し、素性（feature）システムを用いて文法関係を記述します。語彙機能文法（LFG : lexical functional grammar）は、1970年代後半に開発された文法理論で、統語構造と意味機能の両方を扱います。この理論では、文の構造を2つのレベルで表現します。句構造（constituent structure）：文の表層的な句構造、機能構造（functional structure）：文の文法関係や意味機能。LFGは、語彙項目に豊富な情報を含ませることで、複雑な文法現象を説明しようとします。言語学や文法理論において、明示的（explicit）とは、規則や構造が明確に定義され、曖昧さがないことを意味します。生成文法理論では、文法規則を明示的に記述することが重要視されています。これにより、言語の構造や規則を形式的に表現し、理論的な予測や検証が可能になります。言語教育において、シラバス（syllabus）は学習内容や目標を体系的に示した計画書です。英語教育のシラバスには通常、以下の要素が含まれます：学習目標、文法項目、語彙、言語機能（例：依頼、提案）、学習活動、評価方法。

問題
5－生文1．次の英語学の用語の説明で適切なものを記号で選びなさい。―生成文法―

1.（　　）差がないこと。
2.（　　）知覚に基づいて意識に現れる外的対象の像。
3.（　　）英語の can, may, must, will などの助動詞の総称。叙述に対する話者の心的態度を表す、動詞の語形としての法（例：命令法、直接法、接続法）と同じ機能を担うことからの称。
4.（　　）下接詞。基本的節構造を形成しない従属的な要素である副詞や前置詞句。
5.（　　）単語をつなげて句、節、文を作る際の語の配列・関係。

ア．表象
イ．統語
ウ．水平化
エ．従接詞
オ．法助動詞

問題
5－生文2．次の英語学の用語の説明で適切なものを記号で選びなさい。―生成文法―

1.（　　）関係文法（主語、直接目的語、間接目的語などの文法関係を文法の原始要素とする文法）の用語。文の語順を決定する当該言語に固有な規則のこと。
2.（　　）直接支配規則。直接支配を決定する規則のこと。そこで、右

辺は要素の集合となる。
3. (　　) 選択制限にかかわる素性の1つ。例えばsmileという動詞はその主語に「有生、人間」という素性を持った名詞を要求するため、無生名詞であるstoneを主語にとると非文法的となる。
4. (　　) 意志を持つもの、即ち、人間や高等動物に言及していると見なされる名詞や名詞句を表す。
5. (　　) 直接目的語（〜を：物を）がとる格。
6. (　　) 文法項構造。文中で動詞を共起する（＝2つの別の語が文や句の内部で同時に用いられる）文法項（＝述語と共に命題を構成する指示表現）を動詞の語彙情報として指定したもの。

ア．有生
イ．線形語順規則／線形順序規定
ウ．項構造
エ．無生
オ．対格（accusative）
カ．ID規則

問題
5－生文3．次の英語学の用語の説明で適切なものを記号で選びなさい。―生成文法―

1. (　　) アメリカの言語学者、N. Chomskyが生成文法の創始者であり、Chomsky（1957）以降今日まで、40年以上にわたり研究が進んできた。人間には言語習得装置が生得的に備わっており、それを演繹的に使って言語習得がなされると考えている。この生得的言語習得装置は、言語能力のもとになっていて、すべての言語の文法に共通して

いることから普遍文法と呼ばれる。生成文法研究の最終的な到達点は、この普遍文法がどのようなものかを解き明かすことにある。
2. （　　）初期のもの（1950〜1960年代）では、変形という文法操作が重要視されていたため、「変形」ということばを前につけて呼ばれることが多かった。Chomsky（1981）以降の研究を、原理とパラメータのアプローチと呼ぶ。また、統率束縛理論／GB理論とも呼ばれる。さらに、1993年以降、特に1995年を過ぎてからは、ミニマリスト・プログラム／極小モデルという枠組みを中心に研究が進められている。
3. （　　）句、節、文の構造の記述方法で、生成文法などで使われる。構成素の関係を明確に表すことができる。
4. （　　）媒介変数。
5. （　　）寸法又は機能の単位。

ア．生成文法（generative grammar）
イ．パラメータ（parameter）
ウ．生成文法（generative grammar）／変形生成文法の目的
エ．モジュール（module）
オ．樹形図／枝分かれ図

|問題|
5－生文4．次の英語学の用語の説明で適切なものを記号で選びなさい。―生成文法―

1. （　　）明らかに示している。はっきり示している。
2. （　　）「明確」ではない固有の形式を主に扱うため、名詞が何であるか、あるいは文の基本的な語順とは何かということを理解するこ

とを読み手に任せているもので、経験に基づくものである。ラテン文法の枠組みに基づく文法。言語の構造・意味・歴史などについて詳細な研究がされているが、その方法論は規範主義的で（≒規則的）であまり科学的ではなく、科学文法としては問題が多い。
3. （　　）言語教育の内容およびその配列を定めた要綱（＝基本となる重要な事柄）。
4. （　　）語彙論的仮説の可能性を追求した文法理論。変形規則を用いず、多くの構文を語彙部門での規則によって派生させるのが特徴である。
5. （　　）変形規則を用いないのが最大の特徴で、チョムスキーの生成文法が変形を導入することによってとらえようとした問題は、これではメタ規則と斜線規約によって説明される。

ア．伝統文法
イ．明示的
ウ．シラバス（syllabus）
エ．一般（化）句構造文法
オ．語彙機能文法

6－語用1～2．―語用論―

発話（speech）とは、言語を用いて音声を発すること、または文を述べることを指します。単に言葉を発することを意味します。発話行為理論は、J. L. オースティンによって提唱され、発話には単なる言葉の発声以上の機能があるという考え方です。発話行為（speech act）は以下の3つの側面に分けられます。①発語行為（locutionary act）：実際に

言葉を発すること自体を指します。音声を発したり、文を述べたりする行為です。これは発話の物理的な側面を表します。②発語内行為（illocutionary act）：発話によって話者が意図する行為や目的を指します。例えば、約束する、警告する、依頼する、宣言するなどの行為がこれに当たります。これは発話の意図や機能を表します。③発語媒介行為（perlocutionary act）：発話によって聞き手に生じる効果や結果を指します。例えば、聞き手を説得する、驚かせる、怒らせるなどの結果がこれに当たります。これは発話の結果や影響を表します。これらの概念は、言語使用の複雑さを理解するのに役立ちます。単に言葉を発するだけでなく、その言葉がどのような意図を持ち、どのような効果をもたらすかを考慮することが重要です。例えば、「窓が開いていますね」という発話は次の３つの行為を生み出しています。①発語行為：その文を発すること。②発語内行為：窓を閉めるよう間接的に要求すること。③発語媒介行為：聞き手が窓を閉めるという行動を取ること。このように、一つの発話が複数の層の意味や機能を持つことを理解することが、効果的なコミュニケーションにつながります。

　叙述文（declarative sentence）は、事実や状態を述べる文です。叙述文は情報を伝達するために用いられ、肯定的または否定的な形式を取り真偽を問うことができる文です。例えば、「今日は晴れです。」や「彼女は学生ではありません。」という文が叙述文に該当します。遂行文（performative utterance）は、発話すること自体が行為の遂行となる文です。真偽を問うことはできず、適切な状況下で発話されることで、その行為が実現します。例：「ここに約束します。」（約束という行為を遂行している。）直接的発話行為（direct speech act）は、文の字義通りの意味と話者の意図が一致している発話行為です。文の形式と機能が直接的に対応しています。例：「窓を閉めてください。」（直接的な依頼）間接的発話行為（indirect speech act）は、文の字義通りの意味と話者の意図が異なる発話行為です。文の形式と実際の機能が直接的に対応して

いません。例:「ここは寒くないですか?」(窓を閉めてほしいという間接的な依頼)これらの概念は、J. L. オースティンや J. R. サールによって発展された発話行為理論の重要な要素です。叙述文と遂行文の区別は、言語が単に事実を述べるだけでなく、行為を遂行する力を持つことを示しています。直接的発話行為と間接的発話行為の区別は、言語使用の複雑さと、文脈や社会的規範が発話の解釈にどのように影響するかを示しています。間接的発話行為は、特に礼儀や丁寧さを表現する際に重要で、多くの文化で広く使用されています。例えば、「塩を取ってもらえますか?」という質問形式の文は、実際には塩を渡すよう依頼する機能を果たしています。これらの概念を理解することは、効果的なコミュニケーションと言語使用の分析に役立ちます。

協調の原理(cooperative principle)は、ポール・グライスによって提唱された会話の原理で、効果的なコミュニケーションのために話者と聞き手が協力するという考え方です。この原理は4つの格率(量、質、関連性、様態)から成り立っています。例えば、必要な情報を過不足なく提供する(量の格率)ことが期待されます。丁寧さの原理(politeness principle)は、ジェフリー・リーチによって提唱された原理で、社会的調和を維持するために、丁寧さを最大化し、無礼さを最小化するという考え方です。例えば、「窓を閉めてください。」という直接的な表現よりも、「窓を閉めていただけますか?」という間接的な表現を使用することで、丁寧さを表現します。メタファー(metaphor)/隠喩は、ある概念を別の概念を用いて理解し表現する認知的・言語的プロセスです。メタファーは単なる修辞的技法ではなく、私たちの思考や言語使用の基盤となっています。例えば、「時は金なり。」(Time is money.)というメタファーは、時間を貴重な資源として概念化しています。コミュニカティブ・アプローチ(communicative approach)は、1970年代から発展した言語教育の方法論で、言語の機能的側面や実際のコミュニケーション能力の育成に焦点を当てています。この手法では、文法的正確さ

だけでなく、状況に応じた適切な言語使用能力（コミュニケーション能力）の育成を重視します。これらの概念は、言語使用と言語教育において重要な役割を果たしています。

世界英語（World English）や国際英語（International English）は、英語が世界中で広く使用されることにより、地域や文化によって異なる多様な形態を持つ英語を指します。これには、アメリカ英語、イギリス英語、オーストラリア英語、インド英語などが含まれます。これらのバリエーションは、発音、語彙、文法において異なる特徴を持っています。公用語（official language）は、特定の国や地域で公式に認められ、政府や公共機関で使用される言語です。例えば、英語は以下の国々で公用語として使用されています：アメリカ合衆国、イギリス、カナダ（フランス語と共に）、オーストラリア、インド（ヒンディー語と共に）。公用語としての英語は、教育、行政、法律、ビジネスなどの公式な場面で広く使用されます。英語の丁寧さ（politeness）は、社会的な調和を保ち、相手に対する敬意を示すための言語的な工夫を指します。英語で丁寧さを表現する方法には、以下のようなものがあります。丁寧な表現（polite expression）："Please"や"Thank you."の使用。"Could you…?"や"Would you mind…?"のような間接的な依頼。敬語（honorific）：Mr., Ms., Dr.などの敬称の使用。丁寧な言い回し（hedging）："I am wondering if…."や"It seems that…."のように、断定を避ける表現。フォーマルな言葉遣い（formal language）："I would like to…."や"I appreciate…."のようなフォーマルな表現。

問題

6－語用1．次の英語学の用語の説明で適切なものを記号で選びなさい。―語用論―

1. （　　）比喩表現の一種で、物事や現象を表わし、表現上の特殊効果を狙うもので、比喩とわかるような形式が明示的にされず、典型的には"A is B."で表される比喩を言う：Man is a wolf.（男はオオカミだ。）これを理解するには文化的・社会的背景の理解が必要であると言われている。
2. （　　）英語においてこれをを表現する仕方には次のようなものがある。　(1) 動詞の過去形を使う。Did you want to see me now?（〜したいですか）　(2) 法助動詞を使う。Could I see your driving licence?（〜できませんか）　(3) any の代わりに some を使う。Would you like some wine?（少し位）　(4) 丁寧さの従節詞を使う。He kindly offered me a ride.（親切にも）　(5) 人称による順序づけ：二人称が最初で、一人称は最後にする。Jill and I / you and Jill / you, Jill, or me　(6) 条件節の使用。She and I are just good friends, if you understand me.（もし〜）　(7) question の形で request を示すこと。Are you free for a minute?
3. （　　）物事の事情や考えなどを順を追って述べることを表す文のことである。この文では、真理条件（真か偽か）が重要である。発話においては、この文より遂行文の方が多いと考えられる。(J. L. Austin)
4. （　　）何かを成し遂げるために述べる文のことである。この文では、適切性条件（適切か不適切か）が重要である。発話においては、叙述文よりこの文の方が多いと考えられる。(J. L. Austin)
5. （　　）文や語を音声を用いて発することによって遂行される行為。J. L. Austin によると、これには３つの言語行為が含まれる。即ち、発語行為、発語内行為、発語媒介行為である。
6. （　　）発話（文や語を音声を用いて発すること）によって遂行される行為を発話行為という。J. L. Austin によると、発話行為には次の３つの言語行為が含まれる。その内の１つで、音声的、形態的、統語的、意味的に整った形の発話を行う行為のことである。例えば、話者

が聞き手の近くの「窓を閉めてほしい」と考えて、聞き手に向かって「寒いね」といい、聞き手が窓を閉めたという場面では、話者が聞き手対して「寒いね、という言葉を発したこと」である。

7. （　　）発話（文や語を音声を用いて発すること）によって遂行される行為を発話行為という。J. L. Austinによると、発話行為には次の3つの言語行為が含まれる。その1つで、発語行為（ことばを発する行為）によって、話者が「自分の意図を伝えるという行為」のことである。例えば、話者が聞き手の近くの「窓を閉めてほしい」と考えて、聞き手に向かって「寒いね」といい、聞き手が窓を閉めたという場面では、話者による「窓を閉める要求」のことである。

8. （　　）発話（文や語を音声を用いて発すること）によって遂行される行為を発話行為という。J. L. Austinによると、発話行為には次の3つの言語行為が含まれる。その1つで、発語行為（ことばを発する行為）によって、聞き手が「影響を受けるという行為」のことである。例えば、話者が聞き手の近くの「窓を閉めてほしい」と考えて、聞き手に向かって「寒いね」といい、聞き手が窓を閉めたという場面では、聞き手による「窓を閉める行為の遂行」のことである。

ア．英語の丁寧さ（politeness）
イ．発語媒介行為
ウ．発語行為
エ．遂行文
オ．叙述文
カ．メタファー（metephor）／隠喩
キ．発話行為（speech act）
ク．発語内行為

問題

6－語用２．次の英語学の用語の説明で適切なものを記号で選びなさい。―語用論―

1. （　　）「約束」「命令」などの発話内の力と統語構造とは一対一の対応を示さないが、そのような力を表すために特に工夫された構造で表現される行為のことである。例えば、命令文で「命令」を、疑問文で「疑問」という行為を行う場合である。
2. （　　）「約束」「命令」などの発話内の力と統語構造とは一対一の対応を示さないが、そのような力を表すために特に工夫された構造で表現されない行為のことである。例えば、Can you pass the salt? という疑問文で、「塩を取って下さい。」という「依頼」を行うような場合が、この行為である。
3. （　　）英語は少なくとも10億人によって話されており、その内のおよそ3億人ほどが母語話者である。また、3億人ほどが第二言語として英語を話し、1億人ほどが外国語として流暢な英語を話している。残りの3億人は英語を学習したことのある人数となる。英語の普及はいくつかの標準英語（イギリス、アメリカ、オーストラリア、ニュージーランド英語など）を認めることにつながっている。また、インドのように英語の母語化が進みつつある地域がある。
4. （　　）会話の参加者は会話が発展していく段階に応じて、その会話の目的や方向に沿った協調的な発話をするものであるという原理。
5. （　　）「丁寧さに欠ける信念の表出は最小限にせよ（丁寧さにかなう信念の表出は最大限にせよ）」という、人間関係の中で働く言語使用の原理。
6. （　　）文や語を音声を用いて発すること。
7. （　　）外国語による伝達能力の養成を目指して、ヨーロッパで生れた

教授法。概念・機能シラバスに基づき、情報交換活動や役割練習など、言葉を実際に使う活動をペアやグループで行う。
8.（　　）国家がその使用を公的に認めている言語。公文書などは公用語で書かれる。

ア．間接的発話行為
イ．丁寧さの原理
ウ．世界英語（World English）／国際英語（International English）
エ．発話（speech）
オ．直接的発話行為
カ．協調の原理
キ．公用語（official language）
ク．コミュニカティブ・アプローチ（communicative approach）

TOPIC 1 ―英語的発想から見た英文法－英文法は覚えるより感じよう！―

　TOPIC 1・2 では、英語母語話者の発想から見た英語のフィーリングを紹介します。このフィーリングを養うためには英語母語話者のフィーリングを感じるまで毎日英語と接する必要があります。英語への接し方は人によって異なりますが、それらは次の 5 つの分野に集約されます。

　①読むこと（受動的）、②聞くこと（受動的）、③話すこと（能動的）、④書くこと（能動的）、⑤コミュニケーションをとること（能動的 / 受動的）。

　上記 5 つの分野のどれから取り組むのでも構いません。頂上への道はたくさんあります。さあ、英語母語話者のフィーリングの研究の旅に出てみませんか。そして毎日新しい文に出会えば、必ずどこかの分野で「ビビビッ！」とアドレナリンが出て、喜びと達成感を感じる時がやってきます。この時が「第二言語習得の芽生えの時」です。英語習得に必要なのは読者の英語的発想に対する持続的な好奇心と、それを理解した時の喜びの体験だと思います。言語の習得は楽しいものです。是非やってみてください。
　TOPIC 1 では、英語母語話者の発想から見た文法、日本語を第一言語とする日本人に分かりにくい「冠詞」に焦点を当てています。

冠詞のフィーリング
　冠詞は名詞の前に置いて、後ろに来る名詞の性質や状態を表します。冠詞はまた、名詞が「一般的なもの」か、または「特定のもの」であるかを示す役割を担っています。英語には"a", "an", "the"という「冠詞」

があります。冠詞は日本語にはなく理解しづらいため、あまり重要視されていません。これが英語習得のための一つの障害になっています。

「冠詞」は名詞の前に置かれるものなので、まず名詞について考察します。

「数えられる名詞」と「数えられない名詞」の基本概念
　英語の名詞は大きく「数えられる名詞」と「数えられない名詞」の2種類に分けられます。英語母語話者は幼少の頃から、この二つの違いを体得しており、この違いを示す働きをする「冠詞」に、とても敏感に反応します。次に、「数えられる名詞」と「数えられない名詞」の理解を進めます。この違いが分かれば「冠詞」の実際の運用のフィーリングが身につくからです。言語学者の中には「名詞」の前に「冠詞」があるのではなく、「冠詞」が次に来る「名詞」の性質を決めていると述べる人もいます。

「数えられる名詞」
　「数えられる名詞」は「形」を持っています。それは、1個、2個、または1本、2本などのように数が数えられる名詞です。例えば、木製の「机」は1つ、2つと数えますが、それを上の板と脚とに分割すると全体として「形」が無くなるので、これらは「数えられない名詞」の『木』となってしまいます。このフィーリングを理解しないで冠詞を語ることはできません。

「数えられない名詞」
　「数えられない名詞」は、数が大きすぎて数えられないのではありません。「形」がないから1つ、2つと数えられないのです。この名詞は「材料」または「性質」を表す名詞だからです。先述したように「机」を上の板と脚とに分解した時、「机」の働きをするものとしての「形」

はありません。しかし、1枚の板としての視覚的な「形」はあります。ここで、著者が使っている「形」の定義は、話者が対象としているものを一つの完成物として見ているかどうかということです。この点で日本人と英語母語話者の間でものに対するフィーリングの違いがあるようです。

冠詞の"a"または"an"のフィーリング
　TOPIC 1・2では冠詞の働きをするものは"a"または"an"、"the"、"Φ"（冠詞なし）の3種類と考えます。

　"a"または"an"には2つの意味があります。

① I have a pen. 私は1本のペンを持っています。
　ここで、I have a pen. の"a"は「1本のペン」と訳しました。これは間違いではありませんが、説明が不十分です。この"a"には、もう一つのフィーリングがあったのです。次に述べる2番目のフィーリングを簡単に分かったと思ってしまったところが問題なのです。

② I have a pen. の2番目の意味は、「私はこのペンと同種類のペンが多く存在し、その中から1本を取り出してきた」ことを表しています。日本人は①の"a"の示す個数の概念は容易に理解しますが、②の「多くのものの中からの1本」としての存在を示す"a"の認識が英語母語話者と比べて、とても弱いようです。この"a"は「多くの同種のものの中から1本を選んで、初出の名詞として、それに存在を与えて登場させる」重要な"a"なのです。

Linda was "a" wife of Mr. Brown.
　これは疑いもなく"a"の2番目のフィーリングを見逃している誤りで

す。文意としては「リンダはブラウンさんの妻の一人だった」となり、ブラウンさんには複数の妻がいることになります。一夫多妻制の環境なら間違いではありませんが一般的には誤った英文となります。実際に、この発想が冠詞に関しては重要なのです。このフィーリングを養うためには英語母語話者のフィーリングを感じるまで毎日英語と接することです。それも、読むことと聞くこと（受動的）、または書くことと話すこと（能動的）によるコミュニケーションの練習をすることです。

"a"と"the"の違いを感じよう！

冠詞は新しい情報を提示する際に不定冠詞"a"または"an"を使い、既に言及された特定の情報を再度指す際に定冠詞"the"を使うのが基本的なルールです。

物語で冠詞のフィーリングをつかもう！

「公園での一日」

It was a beautiful morning. The sun was shining brightly in the sky. A young girl named Lily decided to take a walk in the park near her house. She put on a hat and picked up an apple to eat on the way. As she entered the park, she noticed a dog playing with a ball. The dog was very happy, running back and forth. Lily smiled and continued her walk. She found a bench and sat down to rest. While she was sitting, a bird flew by and landed on the tree in front of her.

Lily looked around and saw a family having a picnic. The children were laughing and playing with a kite. It was a perfect day. She finished eating the apple and threw the core into a trash can nearby.

As she was about to leave, she saw an old man sitting alone on a bench. He looked sad. Lily walked over to him and offered him a

TOPIC 1

smile. The man smiled back and said, "Thank you. You have made my day better."

　Lily felt happy and decided to come back to the park again tomorrow.

It was **a beautiful morning.**
　ある美しい朝でした。
The sun was shining brightly in **the sky.**
　太陽が空に明るく輝いていました。
A young girl named Lily decided to take **a walk** in **the park** near her house.
　リリーという若い女の子が家の近くの公園を散歩することに決めました。
She put on **a hat** and picked up **an apple** to eat on **the way.**
　彼女は帽子をかぶり途中で食べるためにリンゴを手に取りました。
As she entered **the park**, she noticed **a dog** playing with **a ball.**
　公園に入ると、犬がボールで遊んでいるのに気づきました。
The dog was very happy, running back and forth.
　その犬はとても嬉しくて、前後に走り回っていました。
Lily smiled and continued her walk.
　リリーは微笑んで散歩を続けました。
She found **a bench** and sat down to rest.
　彼女はベンチを見つけて休むために座りました。
While she was sitting, **a bird** flew by and landed on **the tree** in front of her.
　彼女が座っていると、一羽の鳥が飛んできて彼女の前の木に止まりました。
Lily looked around and saw **a family** having **a picnic.**

リリーは周りを見渡して、ある家族がピクニックをしているのを見ました。

The children were laughing and playing with **a kite.**

子供たちは笑ってたこをあげて遊んでいました。

It was **a perfect day.**

それは完璧な日でした。

She finished eating **the apple** and threw **the core** into **a trash can** nearby.

彼女はリンゴを食べ終えて芯を近くのゴミ入れに捨てました。

As she was about to leave, she saw **an old man** sitting alone on **a bench.**

帰ろうとした時、老人が一人でベンチに座っているのを見かけました。

He looked sad.

彼は悲しそうに見えました。

Lily walked over to him and offered him **a smile.**

リリーは彼の所に行って微笑みを送りました。

The man smiled back and said, "Thank you. You have made my day better."

老人は微笑み返して、「ありがとう。君のおかげで今日が良い日になったよ。」と言いました。

Lily felt happy and decided to come back to **the park** again tomorrow.

リリーは嬉しくなり明日また公園に来ることを決めました。

解説

"a"と"the"のフィーリングの違いは感じられましたか。それぞれの冠詞は、次のようなフィーリングになります。

"a"または"an"：同種類のものが複数ある中の一つを指す。または一

般的な一つ（まだ特定していない1つ）を指す。
　"the"：特定の（単数・複数の）もの。同種類でも他のものと区別する場合に使用する。

　物語のフレーズを一つずつ振り返ってみましょう。

It was **a beautiful morning**.
　ある美しい朝でした。
・"**a beautiful morning**"："a" は一般的な「美しい朝」を指しています。この朝は特定のものではなく、リリーが過ごしている毎日の中の一般的な朝を意味しています。

The sun was shining brightly in **the sky**.
　太陽が空に明るく輝いていました。
・"**The sun**"："the"は特定の「太陽」を指しています。空にある太陽は一つだけであり、特定のものとして扱われます。
・"**the sky**"：「空」も皆が見ている特定のものなので"a"ではなく"the"となります。

A young girl named Lily decided to take **a walk** in **the park** near her house.
　リリーという若い女の子が家の近くの公園を散歩することに決めました。
・"**a young girl**"："a"は新しい情報として「若い女の子」を紹介しています。この物語の中で初めて登場するリリーという人物を、一般的な「若い女の子」として述べています。
・"**a walk**"："a"は一般的な「散歩」を指します。リリーが特定の場所や時に行う散歩ではなく、普通の散歩をすることを示しています。もし"the walk"なら、決まった場所や時に行う散歩というフィーリングに

なります。
- "**the park**"："the"は特定の「公園」を指しています。リリーが住んでいる場所の近くにある、公園という具体的な場所を指しているため、"the"が使われています。

She put on **a hat** and picked up **an apple** to eat on **the way**.
彼女は帽子をかぶり途中で食べるためにリンゴを手に取りました。
- "**a hat**"："a"は一般的な「帽子」を指しています。どの帽子でも良いという意味で、特定の帽子ではありません。
- "**an apple**"：一般的な「リンゴ」を意味しているので、"an"が使われます。母音で始まる"apple"という単語の前にあるため、"a"ではなく、"an"となります。ここではリリーが手に取ったリンゴが特定のものではないことを示しています。
- "**the way**"：「進んで行く道」は特定なので"the"が使われます。"on the way"は「途中で」という意味になります。

As she entered **the park**, she noticed **a dog** playing with **a ball**.
公園に入ると、犬がボールで遊んでいるのに気づきました。
- "**the park**"："the"は既出の「公園」を示しています。
- "**a dog**"："a"は新しく登場する「犬」を指しています。物語の中で初めて出てくる犬であり、特定の犬ではありません。
- "**a ball**"："a"は犬が遊んでいる一般的な「ボール」を指しており、特定のボールではありません。

The dog was very happy, running back and forth.
その犬はとても嬉しくて、前後に走り回っていました。
- "**The dog**"："The"は特定の「犬」を指します。前の文で紹介された犬を再び言及しているため、"the"が使われています。

TOPIC 1

Lily smiled and continued her walk.
　リリーは微笑んで散歩を続けました。

She found **a bench** and sat down to rest.
　彼女はベンチを見つけて休むために座りました。
- **"a bench"**："a"は公園にある一般的な「ベンチ」を指しています。リリーが初めて見つけたベンチなので、"a"が使われています。

While she was sitting, **a bird** flew by and landed on **the tree** in front of her.
　彼女が座っていると、一羽の鳥が飛んできて彼女の前の木に止まりました。
- **"a bird"**："a"は不特定の「鳥」を指しています。
- **"the tree"**："the"は特定の「木」を指しています。この木はリリーの前にある特定の木であり、そのため"the"が使われています。

Lily looked around and saw **a family** having a picnic.
　リリーは周りを見渡して、ある家族がピクニックをしているのを見ました。
- **"a family"**："a"は公園で見かけた「家族」を指しています。これも物語の中で新しく登場する情報です。

The children were laughing and playing with **a kite.**
　子供たちは笑ってたこをあげて遊んでいました。
- **"The children"**："the"は特定の「子供たち」を指しています。この子供たちは、先ほど紹介された家族の子供たちであり、特定されているため"the"が使われています。
- **"a kite"**："a"は子供たちが遊んでいる「たこ」を指しています。どのたこでも良いという意味で"a"が使われています。

It was **a perfect day.**
　それは完璧な日でした。
・**"a perfect day"**："a"は不特定な「（完璧な）一日」を指しています。このような日は何回もあることを暗示しています。

She finished eating **the apple** and threw **the core** into **a trash can** nearby.
　彼女はリンゴを食べ終えて芯を近くのゴミ入れに捨てました。
・**"the apple"**："the"は特定の「リンゴ」を指しています。このリンゴは、リリーが最初に持っていたリンゴと同じものであり、特定されているため"the"が使われています。
・**"the core"**："the"は特定の「芯」を指しています。リリーが食べ終わったリンゴの芯を指しており、特定されているので"the"が使われています。
・**"a trash can"**："a"は公園にある一般的な「ゴミ入れ」を指しています。リリーが最初に見つけたゴミ入れなので、"a"が使われています。

As she was about to leave, she saw **an old man** sitting alone on **a bench.**
　帰ろうとした時、老人が一人でベンチに座っているのを見かけました。
・**"an old man"**："an"は新しく登場する「年老いた男性」を指しています。物語で初めて出てくる情報なので、"an"が使われています。
・**"a bench"**："a"はその老人が座っている「ベンチ」を指しています。公園にある一般的なベンチとして、"a"が使われています。

He looked sad.
　彼は悲しそうに見えました。

Lily walked over to him and offered him **a smile.**
　リリーは彼の所に行って微笑みを送りました。

TOPIC 1

- "**a smile**"："a"はリリーが男性に送った「微笑み」を指しています。この微笑みは特定のものではなく、一般的なものを意味しています。

The man smiled back and said, "Thank you. You have made my day better."
　老人は微笑み返して、「ありがとう。君のおかげで今日が良い日になったよ。」と言いました。
- "**The man**"："the"は特定の「男性」を指しています。前に言及された年老いた男性を再度指しているため、"the"が使われています。

Lily felt happy and decided to come back to **the park** again tomorrow.
　リリーは嬉しくなり明日また公園に来ることを決めました。
- "**the park**"："the"は特定の「公園」を指しています。リリーが訪れていた公園を再度言及しているため、"the"が使われています。

まとめ
　"a"と"the"のフィーリングの違いが少しずつ見えてきましたか？

　"a"または"an" …… 同種類のものが複数ある中の一つ、または一般的な一つの（まだ特定していない一つの）名詞の前に付けます。
　"the" …… 限定されている（一つのまたは複数の）名詞の前に付けます。同種類でも他のものと区別する場合に使います。

第2章

7-会話1．―会話―

　コミュニケーション・モデルは、情報の伝達過程を理解するための枠組みです。一般的なモデルには、シャノンとウィーバーのモデルや、バークレーのフィードバックを含むモデルがあります。これらは、送信者、メッセージ、受信者、ノイズ、フィードバックといった要素を通じてコミュニケーションがどのように行われるかを示しています。コミュニケーション方略／伝達方略は、情報を効果的に伝えるための戦略や手法を指します。これには、明確なメッセージの構築、受信者の理解度に応じた言葉遣い、非言語的なサインの利用、対話の促進などが含まれます。コード・スイッチング／コードの変換は、異なる言語や方言、スタイルを使い分ける現象です。バイリンガルやマルチリンガルの人々が、文脈や相手によって言語を切り替えることが一般的です。これにより、特定の文化的意味や感情を強調したり、相手との親近感を高めたりします。適応理論は、コミュニケーションにおいて人々がどのように相手に合わせて自らの行動や言語を調整するかを説明します。これは、相手の文化的背景や期待に応じて適切に振る舞うことで、円滑なコミュニケーションを促進します。

|問題|
　7-会話1．次の英語学の用語の説明で適切なものを記号で選びなさい。―会話―

第2章

1. (　　) Giles & Smith（1979）の用語。会話において話者が、自分の発音や方言その他の言語特徴を会話相手のそれに似せようとしたり、反対に、より異なるようにしようとする適応の現象に関する理論をいう。

2. (　　) 会話の中で、あるコード（あるものを別のあるものに関係づける変換の規則のこと。コードは、変換の過程においてAをBに関係づけるだけでなく、AとBとを異なるものとして区別する役割も果たしている）から異なるコードへと使用を切り替えること。また、そのような切り替えのこれには、（社会的な）状況に応じてなされるもの（状況による—）と、話題に対する話し手の態度を表出するもの（隠喩的な—）とが区別できる。前者は発話の内容とは関係しないが、後者は発話の内容に応じてなされるものである。　＊ —には提示された語が入る。

3. (　　) 情報や人々の意志、世論などが形成・共有される、あるいは対立するプロセスを、類似のシステムによって模倣することで、理解や分析可能にしたもの。ある状況（situation）で発言者（speaker）からのメッセージ（message）がチャンネル（channel）を通って聴衆（listener）に達した後、聴衆からフィードバック（feedback）が出され、さまざまな結論（inference）が導きだせるという、7つの構成要素を持つモデルが最も伝統的である。これまで対人や小集団コミュニケーションを数量的に分析したり、社会現象をレトリック批評によって質的に分析するための様々なモデルが提示されてきた。Berne（1964）の相互交渉モデル（transactional model）は、自分自身と他人の行動の裏にある意図を意識することによって、ごまかしや不誠実を明確化し、排除あるいは対処することで対人間コミュニケーションや社交的なスキルの向上を目指している。Becker（1968）のモザイク・モデル（mosaic model）が、多くのメッセージはその場の社会的な状況だけでなく、過去の印象や以前の会話、メディアや忘

れかかった批判などと結びつけて解釈されるプロセスを示している。特にマスメディアの分野では、その機能や役割を説明するために多くのモデルが提唱されてきた。古典的な皮下注射針モデル（hypodermic needle model）はマスメディアは大衆の意見に情報を「注入する」ことで、直接的かつ即時的な影響を与えるとした。その他、マスメディアがどのように社会問題の重要性の序列をつけるかを示した議題設定モデル（agenda-setting model）、事件はニュース価値の判断基準を経てからメディアの作られたイメージによって伝えられるとする選択的門番モデル（model of selective gatekeeping）などがある。

4. （　　）学習者が自分の意図を聞き手に伝えるとき、もし目標言語の適切な表現に関する知識が不足していたならば、既存の言語知識のみを駆使して意思伝達を可能にしようとすることをいう。

ア．コミュニケーション方略／伝達方略
イ．コミュニケーション・モデル
ウ．適応理論
エ．コード・スイッチング／コードの変換

8 - 会話 2．―会話―

　協調の原理は、イギリスの言語哲学者ポール・グライスが提唱した会話の基本原則です。この原理は、会話参加者が互いに協力し合って効果的なコミュニケーションを行うことを前提としています。協調の原理は以下の4つの格率（公理）から構成されています。量の格率：必要十分な情報を提供する。質の格率：真実を述べ、根拠のない情報は避ける。

関係の格率：関連性のある情報を提供する。様態の格率：明瞭かつ簡潔に、順序立てて述べる。会話的推意／会話の含意は、言葉そのものの意味以上に、文脈や非言語的な要素から導かれる意味や意図を指します。たとえば、ある人が「寒いね」と言った場合、単に気温を伝えているのではなく、暖かい飲み物を求めたり、部屋の温度を上げてほしいという暗黙のメッセージが含まれることがあります。会話の推意／会話の含意は、相手の意図を理解する上で非常に重要です。直示（性）は、発話の意味が発話状況に依存する言語現象を指します。直示表現の意味は、誰が、いつ、どこで発話したかによって変化します。主な直示カテゴリーは以下のものである。人称直示：「私」「あなた」など。時間直示：「今日」「明日」など。場所直示：「ここ」「そこ」など。直示表現の解釈には、発話状況の理解が不可欠です。視覚スパンと聴取―発話スパンは、言語処理や認知に関連する概念です。視覚スパン：一度に認識できる文字や単語の数。読解速度や理解度に影響を与える。聴取―発話スパン：聞いた情報を保持し、処理する能力。言語理解と産出に関わる作動記憶の一側面となる。これらのスパンは、言語学習や言語処理の効率性に影響を与え、個人差や言語熟達度によって異なる可能性があります。

問題

8－会話2．次の英語学の用語の説明で適切なものを記号で選びなさい。―会話―

1. （　　）Grice（1975）の用語。特定の文脈において、発話の命題内容から、会話の格律や背景的知識を基に推論して了解される含意をいう。「一般化された―」と「特殊化された―」の2種類がある。
   * ―には提示された語が入る。
2. （　　）Grice（1975）の用語。会話の参加者は会話が発展していく

段階に応じて、その会話の目的や方向に沿った協調的な発話をするものであるという原理をいう。より具体的な下位概念として、会話の原理がある。
3.（　　）発話の場面との関連においてのみその指示内容が決定されるような言語表現の特質、また、そのような特質をもつ要素のこと。
4.（　　）英文を音読させ、その際の眼球が文字を追っている箇所と実勢に声を出して読んでいる箇所との距離であるこれを測定したLeven and Kaplan（1968）の研究では、音読に従事している読み手は、英文が除去された後も句の切れ目まで続けて読み続けることが多く、それ以外の箇所で音読が途切れることは少ないことが示されている。

ア．協調の原理
イ．直示（性）
ウ．視覚スパン／聴取—発話スパン
エ．会話的推意／会話の含意

9 - 会話3．—会話—

推意（inference）は、発話の明示的な意味を超えて、文脈や状況から読み取る暗黙の意味を指します。例えば、「彼女は昨日遅れて来た。」と言った場合、単に遅れた事実を伝えるだけでなく、相手の遅刻に対する評価や感情（不満や心配など）を推測することができます。含意（implication）は、特定の発話が持つ含みや示唆を指し、特に会話の文脈において重要です。言葉の背後にある意図や感情を理解するためには、含意を読み取る力が必要です。消極的丁寧行動／ネガティブ・ポライト

ネス（negative politeness）は、他者の自由やプライバシーを尊重するための丁寧さを指します。相手に対する干渉を避けるため、あまり強い要求をせず、相手の意向を考慮します。たとえば、「もしよろしければ、これを手伝っていただけますか？」のように、相手に選択肢を与える表現が含まれます。インフォメーション・ギャップ・タスク（information gap task）は、情報を持たない人と持っている人が相互にコミュニケーションをとるタスクのことを指します。これにより、参加者は相手から情報を引き出し、理解を深めることが求められます。このタスクは、言語学習やコミュニケーション能力向上に非常に効果的です。パラ言語／周辺言語は、言語的メッセージに付随する非言語的な要素を指します。主な特徴として次のものがあります。声の調子、速さ、大きさなどの音声的特徴を含む。身振り、表情、姿勢などの視覚的要素も含むことがある。言語メッセージの解釈に影響を与える。例えば、同じ「はい」という言葉でも、声のトーンによって異なる意味（同意、疑問、皮肉など）を伝えることができます。

問題

9－会話3．次の英語学の用語の説明で適切なものを記号で選びなさい。―会話―

1. （　　）Grice（1975）の用語。話し手によって言われたこと（what was said）とは別のことが伝えられること、あるいは、そのようにして伝えられたものをいう。

2. （　　）コミュニケーション・タスク（communication task）の1つ。対話者の間に情報のずれ（information gap）を作り、そのずれを埋めなければ解決できない課題を設定して、学習者の活発な言語活動を引き出すタスク（task）。一般のコミュニケーションでは、お互

いの持つ情報が異なっている場合に、自分の持たない情報を相手から引き出し、また、相手の持たない情報を相手に伝えるという情報交換が行われる。つまり、情報の格差がコミュニケーションを生み出すと考えられる。この原理を教室内に持ち込んで、コミュニケーションを自然に発生させようとするものである。情報の格差を利用して、コミュニケーションの必然性をつくり出すことは、コミュニケーション活動（communication activity）の原則の1つとなっている。この用語は、情報格差や意見格差を利用したコミュニケーション・タスクの全体を意味することが多い。

3. （　　）聞き手のネガティブ・フェイスを確保しようとするポライトネス・ストラテジーのこと。聞き手の自律志向や個人領域を脅かさず、聞き手の（心理的）負担を最小限にするために用いられる表現といえる。例えば、フェイス侵害行為に先立って前置きを述べたり（相手に詫びる・気を遣わないように言う）、敬語を使って相手との距離をとったりすることが含まれる。

4. （　　）声の大きさ、速さ、身ぶりなど、言語行動に伴って生じ、意図伝達の一部を担う非言語事象をいう。書き言葉では文字の大小や太さなどもこれにあたる。

ア．パラ言語／周辺言語
イ．推意／含意
ウ．インフォメーション・ギャップ・タスク
エ．消極的丁寧行動／ネガティブ・ポライトネス

10-教授法1．—教授法—

　アクション・リサーチは、実践と研究を融合させた問題解決のアプローチです。主な特徴として、研究者自身が現場に入り込み、問題解決のために行動しながら分析する、非線形で再帰的なプロセスを持つ、計画（planning）、実践（action）、観察（observation）、振り返り（reflection）の4段階を繰り返すこと、があります。アクション・リサーチの目的には、問題解決、知識創造、関係者の成長があります。教育現場での学習意欲の低下や企業における生産性の向上など、様々な分野で活用されています。オーディオリンガル・アプローチは、1950年代から1960年代にかけて主流だった外国語教授法です。この方法の特徴には以下のようなものがあります：聞く・話すスキルを重視し、読み書きは後回しにする。文型練習や反復練習を多用する。母語の使用を最小限に抑え、目標言語での練習を重視する。バイリンガル教育（bilingual education）／二言語使用教育は、二つの言語を使用して教育を行う方法で、学生が母国語と第二言語の両方を学ぶことを目的としています。このアプローチには、以下のような形式があります。サポーティブ・バイリンガル教育：母国語での教育を受けながら、徐々に第二言語を取り入れていく。イマージョン教育：主に第二言語で授業を行い、言語能力を高める。バイリンガル教育は、文化的理解を深めるとともに、学生の認知能力を向上させる効果があります。フォニックス（phonics）は、読み書きを教えるための教育法で、文字と音の関連を理解することに重点を置いています。この方法では、各文字や音素（音の最小単位）を教え、音を組み合わせて単語を形成する練習を行います。具体的なポイントには、音声の認識、音と文字の結びつけ、単語の音声化とスペルの習得、があります。フォニックスは、特に初期の読み書き教育において非常に効果的とされ、多くの教育プログラムで採用されています。

|問題|

10－教授法１．次の英語学の用語の説明で適切なものを記号で選びなさい。―教授法―

1. （　　）現実社会における特定の問題に対して調査・研究を行い、その結果に基づいて問題解決のための行動（action）を起こし、何らかの変化を引き起こすことを目的として行う調査・研究のことである。外国語教育においては、指導上の問題点を特定したり、問題の解決策を探ることを目的として、教師自らが行う調査・研究を意味する。理論と実践の相互作用を重視する事が特徴の１つである。自分のクラスで、自分が教える生徒・学生を対象に行うのが一般的で、複数の教師が協同で行うことも多い。一般に次のような手順で行われる：①問題の特定：研究対象とする問題を特定する（例：コミュニケーション活動に生徒が意欲を示さない）。②事前調査：先行研究の調査を行うと同時に、事前調査として教室活動をしばらくの間観察し、基礎データ（baseline data）を得る（例：コミュニケーション活動を10時間分録画して、タスク：task の内容と生徒の反応を分析する）。③仮説設定：基礎データに基づいて仮説、あるいは行動計画（action plan）を立てる（仮説の例：到達点が明確でないタスクを用いてコミュニケーション活動を行った場合、生徒間の相互交流の頻度が低くなる）。④実行：仮説に従って具体的な行動（action）を実践する（例：到達点が明確な閉じたタスク：closed task を用いてコミュニケーション活動を行う）。⑤分析：実行された行動がどのような変化をもたらしたのかをデータを集めて調査・分析する。⑥評価：分析結果に基づいて行動を評価し、必要があれば修正して再度検証する。⑦結果公表：研究結果を発表し、他の人々と研究成果を共有する。厳密な実験計画、分析手順に基づいた実験研究（experimental research）に比べると、

現実の教室環境の中で行うために、特にデータ収集方法、影響を及ぼす要因の統制などにおいて妥協せざるをえないことが多く、結論の一般性が低くなるという問題がつきまとう。このような問題はあるものの、現実の問題に対して、その問題に関わる当事者が現実行動として行うことの価値は高い。理論研究や実験研究と相互に関連させながら、多様なものを積み重ねていくことが求められている。

2. （　　　）二言語使用地域で、子供の母語を用いて初等教育を行うことをいう。

3. （　　　）音素（phoneme）とアルファベット（alphabets）との結びつきを教えることで、読む能力を高めようとする方法。例えば、語頭がcの文字で始まり、次にa、o、uが来る場合、cは必ず/k/と発音される。また、cの後にi、eが着た場合、cは/s/と発音される。フォニックスではこういった綴りと発音の規則を教えることによって、英単語を正確に読めるように訓練する。これは、もともとは母音としての英語学習での読みの訓練をするための方法であったが、現在では外国語教育においても広く利用されている。日本の英語教育でも、入門期の英語学習にこれを利用して単語の読み方を指導している教師もいる。

4. （　　　）この用語は、外国語教授法で用いられていた aural-oral という発音上曖昧な表現に代わって、Brooks（1960）が提案したものである。この aural-oral という2つの用語は、それぞれ聞くことと話すことを強調したものである。厳密に言えば、この方法は、そもそも一連の授業手順が予め決められていないため、method ではなく approach である。この教授法は、第二次世界対戦後、アメリカで改革運動の気運が高まって始まったが、まもなく批判を浴び、初めにこの教授法を実践した者でもその多くが次第に用いなくなった。この方法は、今世紀の初めに起源があり、その時代には言語教育理論に大きな影響を及ぼすような発展が生まれようとしていた。中でも、①実

証哲学的な実用主義の確立、②構造言語学と行動主義心理学の隆盛、③非科学的な経験論を排斥し、形式主義を重視する「科学的思考」の現れ、があげられる。以上のような発展が、第二次世界大戦という歴史的出来事と機を一にして起こったため、言語教育に影響を及ぼすことになった。

ア．バイリンガル教育（bilingual education）／二言語使用教育
イ．アクション・リサーチ
ウ．オーディオリンガル・アプローチ
エ．フォニックス（phonics）

11－教授法２．―教授法―

　コミュニカティブ・アプローチは、言語教育における方法論で、実際のコミュニケーションを重視します。このアプローチでは、言語を使うこと自体が目的であり、文法や語彙だけでなく、会話の流れや社会的文脈を理解することが重要視されます。具体的な特徴には以下のものがあります。リアルなコミュニケーション：実際の会話や状況を模した活動を通じて言語を学ぶ、意味重視：文法の正確さよりも意味の伝達が優先される、グループ活動：ペアワークやグループ活動を通じて相互作用を促進。アウトプット仮説は、M. Swainによって提唱された第二言語習得理論です。主な主張は以下のものがあります：言語産出（アウトプット）が言語習得を促進する、アウトプットを通じて学習者は自身の言語知識のギャップに気づく。アウトプットは言語形式への注意を促す。仮説検証の機会を提供する。この仮説は、言語学習においてインプットだけでなくアウトプットの重要性を強調しています。概念・機能シラバス

は、言語の文法構造ではなく、言語の機能や概念に基づいてカリキュラムを構成する方法です。特徴として、以下のものがあります。言語の使用目的や機能を中心に組み立てる。挨拶、依頼、提案などの言語機能を重視する。時間、場所、数量などの概念を扱う。実際のコミュニケーション場面に即した学習内容を提供する。このシラバスは、コミュニカティブ・アプローチの理念と合致し、実用的な言語使用能力の育成を目指します。タスク基盤の言語教育／タスク中心の指導法は、学習者が具体的なタスクを通じて言語を学ぶ方法です。このアプローチでは、言語の学習が特定の目的を持つタスクに組み込まれ、実際のコミュニケーション能力を養うことが目指されます。具体的な特徴には以下のものがあります。実際の使用：言語を使う実践的な状況を提供し学習者が目的を持って言語を使用する、協力的な学び：グループでのタスクを通じて相互作用が促進される、自己評価とフィードバック：タスクの結果を通じて自分の言語能力を評価し改善点を見つける機会が得られる。

問題

11－教授法2．次の英語学の用語の説明で適切なものを記号で選びなさい。―教授法―

1. （　　）外国語による伝達能力の養成を目指して、ヨーロッパで生まれた教授法をいう。概念・機能シラバスに基づき、情報交換活動や役割練習など、言葉を実際に使う活動をペアやグループで行う。
2. （　　）言語の形式（form）よりも意味（meaning）を重視し、概念（concept/notion）と機能（function）を軸としたシラバス（syllabus）。1971年、ヨーロッパ協議会（The Council of Europe）は、国境を超えた各国の交流を保証するためには外国語能力が必要であると認め、J. A. van Ek や D. A. Wilkins を中心として新しい外国語教育を提案

するプロジェクト・チームを発足させた。このプロジェクトから生まれたのがこれである。これは、言語を用いて何をしたいのかという伝達目的を重視し、言語が社会において果たしている機能（例： 同意、依頼、謝罪など）と言語機能を遂行する際に表現される意味の枠組みである概念（例： 時間、量、場所など）を中心に据えたシラバスである。これにおいて、カリキュラムは言語使用の領域ごとのユニットに分けられ、さらにユニットはレッスンに分けられる。学習者は自分のニーズに従ってユニットを履修する。全ての学習者に共通して必要なものとして設定されたものが、しきいレベル（The Threshold Level）である。教材の配列に関してはスパイラル方式（spiral / cyclical approach）が採られ、同じ文法項目、同じ言語機能、同じ文化的テーマが、違った段階で何度も出てくるように螺旋（らせん）状に配列され、学習が深められるように編成される。これにおける主な指導原理は次の通りである：①最初の段階から意志の伝達を最重要視する。②言語項目はコンテクストの中で教える。③発音は母語話者並のレベルに達しなくとも、理解可能なレベルに到達できればよい。④言語を現実の状況の中で適切に使用するコミュニケーション能力（communicative competence）を身につけることを目標にする。⑤言語は試行錯誤を通して学習者の中に構築される。⑥真の動機は言語構造に対する興味から生まれるのではなく、内容に対する関心から生まれる。

3. （　　）第二言語／外国語習得のためには、学習者が目標言語で話したり、書いたりして、言葉を生産する訓練が不可欠であると主張する仮説。これはイマージョン・プログラム（immersion program）の子ども達の言語能力を調べた M. Swain によって提案された。イマージョン・プログラムでは数年間に渡って理想的なインプット（input）を大量に子ども達に与え続けるわけであるが、この理想的な指導を受けても子ども達の言語能力、特に文法能力（grammatical competence）

は母国話者に近いレベルにまで伸びないことがわかった。これは、理解可能なインプット（comprehensible input）が十分に与えられれば言語習得が完成する主張するS. D. Krashenのインプット仮説（The Input Hypothesis）に対する反証となり、インプット以外の何かが第二言語習得には不可欠であると考えられるようになった。スウェインは、十分なインプットを受けることに加え、学習者が目標言語を使って話したり、書いたりして産み出されるアウトプットが、第二言語習得に不可欠であると主張する。アウトプットの働きとして、以下のものがあげられている。：①学習者はアウトプットすることによって、「現在の能力で表現できること」と「表現したいけれど表現できないこと」とのギャップに気づくことができる。すなわち、理解はできても、使いこなせない言語項目に気づくこと（noticing）ができるのである。②アウトプットすれば相手からフィードバック（feedback）を受けることができる。こういったフィードバックは学習者が自分の言語表現が正しいのか、間違っているのかを判断する上で重要な情報となる。つまり、学習者は自分の言語規則（＝中間言語：interlanguage）に基づいてアウトプットを行い、そのアウトプットが相手からのフィードバックを引き出す。そして、フィードバックによって学習者は自分の時点における言語規則に関する仮説を検証（hypothesis testing）し、それを修正する。このような一連の仮説検証のプロセスが、アウトプットによって導かれる。③アウトプットすることによって言語の形式的特徴について意識的に考えることができる。④アウトプットすることによって、言葉を統語的に処理する能力が伸びる。これは、言語を産出する際には、意味的処理（semantic processing）だけでなく、統語的規則に頼って語彙項目を適切に結びつける統語的処理（syntactic processing）が必要となるためである。

4. （　　）言語教育のためのシラバスを、文法シラバスとも概念・機能シラバスとも異なった視点からとらえ、タスクを言語教育の単元と

し、それをもとにして言語材料を選択するという考え方である。文法シラバスでは、言語材料を文法的に分析した上で学習者に与え、学習者はそれを統合して使うことができるようになることが期待されている。また、概念・機能シラバスも、統合された言語材料を与えることを意図しながらも、実は分析的に言語材料を提供する結果となり、学習者が統合の作業をすることになる。一方、この指導法は、学習者に統合的な言語材料としてタスクを与え、その達成を目指す指導法である。学習者はすでに統合されている言語材料を分析しながら、言語習得に従事することになる。これは、文法シラバスにおいても概念・機能シラバスにおいても、学習者の最終ゴールである実際のコミュニケーション場面での統合的な言語使用が、なかなか達成されなかったことに対処する方法である。この教授法では、実社会においてどのようなタスクが目標言語を用いてなされなければならないかといった必要性の調査に基づいてタスクを決定していく。タスクの具体的なものとしては、Long and Crookes（1992）において、塀にペンキを塗る、子供に洋服を着せる、書類を書く、靴を買う、航空券の予約をする、図書館で本を借りる、運転免許の試験を受ける、手紙をタイプする、患者の体重を測る、手紙を整理する、ホテルで予約を受け付ける、小切手を書く、場所を見つける、道路を渡る人を助けるなどの例がある。一見、状況シラバスに類似しているようだが、統合的タスクの達成を主な目標に置く点で異なる。

ア．概念・機能シラバス
イ．タスク基盤の言語教育／タスク中心の指導法
ウ．コミュニカティブ・アプローチ
エ．アウトプット仮説

12 – 教授法3．―教授法―

　発話思考法は、言語学習において思考を言葉にすることを重視するアプローチです。この方法では、学習者が自分の考えや感情を表現することに焦点を当て、コミュニケーション能力を高めることを目的とします。主な特徴は以下の通りです。自己表現の重視：自分の意見や考えを発話することで言語の使用を促進する、自由な発話：形式にとらわれず自発的に言語を使う機会を増やす、思考の明確化：考えを言語化することで自分の思考を整理し深める効果がある。全身反応教授法（TPR: total physical response）は、J. J. Asherによって提唱された教授法で、特に初期の言語学習者に効果的です。このアプローチでは、身体の動きを使って言語を学ぶことを重視します。具体的な特徴は以下の通りです。動作と発話の統合：指示を受けて体を動かすことで言語と身体の動きを結びつけ理解を深める、ストレスの軽減：身体を使った活動により学習者の緊張を和らげリラックスした環境を提供する、長期記憶の促進：動作と関連づけることで言語の記憶が定着しやすくなる。言語形式の焦点化／フォーカス・オン・フォーム（Focus on Form）は、言語教育において、コミュニケーションの中で言語の文法や構造に注意を向けるアプローチです。この方法では、学習者が実際の言語使用の中で、必要に応じて形式に気づくことを重視します。主な特徴は以下の通りです。文脈内学習：文法や構文を具体的なコミュニケーションの中で理解する、必要に応じた焦点化：学習者がコミュニケーションの中で直面した問題に対して教員が適切に言語形式を指摘する、流暢さと正確さの両立：コミュニケーションの流暢さを保ちながら言語形式の理解を深めることを目指す。

|問題|

12－教授法３．次の英語学の用語の説明で適切なものを記号で選びなさい。―教授法―

1. （　　）内観法（introspection）によるデータ収集方法の１つ。被験者はタスク（task）を行うが、頭に思い浮かんだこと（なぜ自分がその解決方法をとるのか）を発話しながら、タスクを行う。その発話はテープやビデオに記録される。この方法から得られたデータによって、観察者の恣意的な解釈に頼らずに、被験者（subject）の行動基準を分析できると考えられている。

2. （　　）1960年代にアメリカの心理学者のJ. J. Asherによって提唱された外国語教授法で、言語活動と全身運動とを連合させることによって目標の言語を定着させようとするもの。アッシャーは、幼児が母語を習得する際に、話す能力よりも聞く能力を先に習得するということに着目し、外国語学習においても、聞く練習を話す練習よりも優先させる方が効果的であると考えた。学習者は教師が発する命令文に対し、全身を使って反応することが求められる。強制的に発話させないため、学習者学は心理的な圧迫をあまり感じなくてすむという利点がある。ナチュラルアプローチ（The Natural Approach）の提唱者であるT. D. TerrellとS. D. Krashenは、これのこのような利点を高く評価し、入門期の活動にこれの要素を取り入れている。身体を使いながらの楽しい練習ができ、学習した内容も定着しやすいと言われ、その有効性が高く評価されている。一方で、使われる表現の多くが動作を促す命令文であるため、初級者以外の中・上級者にはあまり適さないとも言われている。

3. （　　）意味の伝達を中心とした言語活動において、教師が必要に応じて学習者の注意を文法などの言語形式（form）に向けさせる指

導。これは、意味重視のコミュニケーション活動に文法指導を効果的に組み込もうとする指導理念であって、文法だけを集中的に教えようとするものとは異なる。文法中心の指導は、focus on forms または focus on formS と書かれて区別されている（複数形の"s"を書き加える）。具体的指導例として、次のものがあげられる：①コミュニケーション中心の授業の中で、特定の文法的誤り（error）に対して教師が修正的言い直し（corrective recast）（例　STUDENT：*I goed to see a movie yesterday.／TEACHER：Oh, you went to see a movie? How was it?）などを与える指導。②相互交流的活動の中で教師が明確化要求（clarification request）（例：Could you say that again?）などのフィードバック（feedback）を与え、アウトプット（output）の修正を促す指導。③教師が読み上げた文章を学習者に協同で復元させる指導（dictogloss）など。

ア．言語形式の焦点化／フォーカス・オン・フォーム
イ．発話思考法
ウ．全身反応教授法

13－教授法4．―教授法―

　学習スタイル（learning style）は、個人が情報を受け取り、処理し、記憶する際の好みや傾向を指します。一般的には、以下のようなスタイルが存在します。視覚型：図やイラスト、ビジュアル資料を使って学ぶことを好む。聴覚型：講義やディスカッションを通じて学ぶことを好む。体感型：実際に体を動かしたり、手を使って操作することを通じて学ぶことを好む。学習スタイルを理解することで、教育者は学習者に合った

指導法を選ぶことができ、より効果的な学習環境を提供できます。クローズテスト（cloze test）は、言語能力を測定するためのテスト形式の一つで、文章の中から特定の単語を削除し、学習者がその空欄に適切な語を埋めるという形式です。主な特徴には以下のものがあります。語彙力の評価：学習者が文脈から適切な単語を推測する能力を測ることができる、文脈の理解：単に単語を知っているだけでなく文章全体の意味を理解する力が試される、多様な用途：語彙だけでなく文法や構文の理解を評価するためにも使用される。イマージョン教育（immersion education）は、主に第二言語を学ぶための教育方法で、学習者が主にその言語を使用する環境に身を置くことによって自然に言語を習得することを目的としています。このアプローチの特徴は以下のものがあります。言語の自然な習得：学習者は教科内容を第二言語で学びながらその言語を使う機会を増やす、文化の理解：言語だけでなくその言語に関連する文化や価値観も学ぶことができる、実践的なスキルの向上：学習者は実際の状況で言語を使用することで流暢さや理解力が向上する。イマージョン教育は、1960年代にカナダで始まり、現在では世界中で実践されています。日本でも、2020年度から公立小学校でイマージョン教育が導入され始めています。

問題

13－教授法４．次の英語学の用語の説明で適切なものを記号で選びなさい。―教授法―

1. （　　）二言語教育（バイリンガル教育）の一形態である。1965年にカナダのモントリオールの１幼稚園から始まった。その後カナダ全土に、そしてアメリカ、ヨーロッパ、その他世界に普及した。日本では沼津の加藤学園初等学校が 1992 年からこの方法による英語教

育を実施している。この方法は人間の言語能力発達の過程に適応させようとして工夫された第二言語教育の方法と言うことができる。つまり、人間は0歳から12,3歳ぐらいまでは言語獲得の上で特別に柔軟な頭脳を持つと考えられる。誰でも言語の世界に浸るだけで、特別な意図的な言語教育なしに第一言語として母語を獲得してしまう。もし人が12,3歳ぐらいまでの間に、つまり幼稚園、小学校にいる間に、第二言語の世界に浸る機会を与えられると、母語の場合と同じように特別な意図的な言語教育なしに第二言語も自然に獲得してしまう可能性がある。

2. （　　）学習者要因（learner factors）の1つ。学習者がある情報を認知処理する方法の類型を指す。学習者によって認知スタイルに違いがあることから、その違いによって外国語学習の方法が異なると考えられてきた。最もよく知られた研究は、H. Witkinらによる場（面）独立（field independence）と場（面）依存（field dependence）という認知の類型と外国語学習とのつながりの研究である。場（面）独立の認知スタイルを持つ学習者は、視覚空間をとらえる時に、周囲の環境に惑わされず、個々の物体をそれぞれ独立したものとしてとらえるが、一方、場（面）依存スタイルの学習者は、個々の物体を周囲のものとの関連でとらえようとする傾向があると考えられてきた。このことから、前者は文法学習などの形式中心の外国語学習に優れており、後者は形式中心ではない外国語学習に優れているという仮説が立てられた。しかし、この仮説を検証しようとした実験のほとんどが、前者の方がどのような外国語学習スタイルにおいて優れているという結果を出している。これらの実験研究は、学習者の認知スタイルに合った指導を行えば、より効率的に外国語学習ができるかもしれないという考えで行われた。しかし、認知スタイルの測定そのものに問題があるという指摘や、認知スタイルよりも他の学習者要因の方が影響が大きいという議論もあり、認知スタイルをもとにした研究は、今の

ところ成功しているとは言いにくい。
3. （　　）部分的かつ規則的に幾つかの語が削除されている、ある一定の長さの文章を被験者に与え、その空白部分を答えさせることによって英語能力を測定しようとするテスト方法。ゲシュタルト心理学では、構造化された全体の中で不完全な部分を補おうとする人間の心理的傾向を閉鎖の原理（principle of closure）で説明しようとする。そこで用いられている closure（閉鎖）という語をもとに、W. Taylor（1953）が名づけた。このテストは、Taylor によって最初に提唱された時は、文章の読み易さ（readability）を測定するためのものであった。現在では、読みの能力だけでなく、総合的な言語能力を測定することができるという主張もある。文章中に不明な部分があった場合には、内容、文脈、文法などに関する知識や能力などを用いて、不明部分についての推測をすると考えられることから、このテストの結果には、そうした全ての要因が反映されると考えられている。

ア．学習スタイル（learning style）
イ．クローズテスト
ウ．イマージョン教育

14－文化1．—文化—

　文化化または文化変容は、特定の文化や社会に個人や集団が適応していくプロセスを指します。新しい文化や環境に触れることで、価値観や行動、習慣が変化することがあります。文化変容は、文化が時間とともに変化する現象を指し、外部からの影響や内部の要因によって文化が新たな形に進化することを含みます。これには、グローバリゼーション、

移民、技術の進展などが影響します。民族性は、特定の民族や文化に基づくアイデンティティや特性を指します。これは、言語、習慣、伝統、歴史などの共通の要素によって形成されます。民族意識は、自分が属する民族に対する意識や誇りを指し、特に他の民族や文化との違いを認識することが含まれます。これは、社会的なアイデンティティを強化し、共同体感を育む要因となります。自民族中心主義／エスノセントリズム（ethnocentrism）は、基本的には同じ概念を指し、自民族の文化や価値観が優れていると考え、他の文化を劣っていると見なす考え方です。この態度は、異文化間の摩擦や対立の原因となることがあります。イーミック／エミック（emic）は、特定の文化の内部から見た視点で、文化の参加者が持つ理解や意味に焦点を当てます。これは、その文化特有の観点からの分析や解釈を重視します。一方、エティック（etic）は、外部から見た視点で、文化を客観的に比較し、一般化された理論やモデルに基づく分析を行います。文化の間の類似点や相違点を探るために用いられます。イーミックとエティックは、文化や社会を理解するための視点を示す用語です。

問題

14－文化1．次の英語学の用語の説明で適切なものを記号で選びなさい。―文化―

1.（　　）ある文化的背景をもつ人が、異なる文化や価値観をもつ人々と接触することによって、文化的に変化して行く過程。第二言語／外国語学習と文化変容には深い関連があり、これの度合と言語学習の成功との間には正の相関（correlation）があるという説もある。英語教育の分野で、その重要性が指摘されている異文化理解教育も、これを目指した教育の一形態であると見なすことができる。これとの関

連から第二言語習得を説明しようとするモデルは文化変容モデル（The Acculturation Model）と呼ばれる。

2. （　　）Pike（1967）の用語。人間行動の文化的な相をいう。文化に特殊的な有意味性の相を指すのにも用いられる。

3. （　　）言語バラエティ（多様性）の研究において、エスニシティ（ethnicity：民族性）は、年齢・社会階層・性格などと並ぶ主要な話者属性であり、社会的変項（social variable）の1つとして言語使用との相関が論じられる。しかし、エスニシティと言語使用の間連を裏付ける人種的・生理学的根拠はなく、それは純粋に社会的な産物であることを正しく認識しておくべきである。つまり、ある人種・民族の言語的特徴は先天的にその話者に備わっているものではなく、話者がその人種・民族集団の中で比較的緊密な社会網を保ちながら日常生活を送るなかで、もともとの民族語の影響を先代から踏襲したり、民族意識が芽生えるなど、成長とともに獲得されていくものである。

4. （　　）自民族の文化基準に基づいて他の民族の文化を評価および批判する思想・イデオロギー。一般的には、これは自文化優位性を認め、他の文化を一方的に劣等視し批判する傾向を生む。従来は、植民地政策を進めた先進文化を背景とする欧米人のそれが目立ち、多くの非欧米人の批判の対象とされてきた。しかし現在では、経済大国意識を持つ多くの日本人にも、主に発展途上国の文化に対する同様の思想・イデオロギーが目立つようになってきた。第二次世界大戦前と戦中の大日本帝国が経験してきたように、急進的なそれは、民族差別や人種差別の行動に発展する危険性をはらんでいる。この意味で、異文化コミュニケーションの研究と教育においては、それは常に重大な問題である。

ア．イーミック／エミック
イ．文化化／文化変容

ウ．自民族中心主義／エスノセントリズム（ethnocentrism）
エ．民族性／民族意識

15－文化２．―文化―

　異文化適応は、異なる文化に接触した際に、個人や集団が新しい文化環境に適応するプロセスを指します。この適応には、文化的な価値観、習慣、社会的な行動を理解し、受け入れることが含まれます。主なステージとしては以下のものがあります。文化ショック：新しい文化に直面した際の混乱や不安、適応の努力：新しい文化に馴染もうとする試み、安定：新しい文化に適応し心地よく感じる段階。言語政策は、国家や地域が言語に関して取る方針や法律を指します。これには、特定の言語の普及、教育、保護、または言語の使用に関する規制が含まれます。主な側面には以下のものがあります。公式言語の指定：国や地域で使用される言語を法律で定める、教育政策：学校教育における言語の使用や教授法の決定、多言語主義：異なる言語が共存し相互に尊重される環境の推進。言語政策は、文化的アイデンティティや社会的統合に大きな影響を与える要素です。メンツ／顔（face）は、社会的な関係において、他者からの評価や尊重を意味します。この概念は、特にアジアの文化において重要視され、他者との関係における立場や名誉を保つことが重視されます。主な要素には以下のものがあります。尊重：相手の地位や名誉を認め維持する行動、恥：失敗や不適切な行動によってメンツを失うことへの恐れ。エティック（etic）は、文化の外部から見た視点を指し、一般化された理論やモデルに基づいて文化を分析します。エティック・アプローチは、文化間の比較や客観的な評価を行うことができるため、社会学や人類学の研究において重要です。一方、イーミック／エミック

(emic) は、特定の文化の内部から見た視点で、文化の参加者が持つ理解や意味に焦点を当てます。これは、その文化特有の観点からの分析や解釈を重視します。イーミック・アプローチが文化内部の視点を重視するのに対し、エティック・アプローチは外部からの客観的な観察を重視します。

問題
15－文化２．次の英語学の用語の説明で適切なものを記号で選びなさい。―文化―

1. （　　）Pike（1967）の用語。人間行動の自然的な相をいう。言語活動における自然的・普遍的な相を指すのにも用いられる。
2. （　　）Goffman（1967）の用語。社会生活のやりとりの中で、個人がある社会的イメージを維持していく上でかぶる仮面をいう。各個人は、相手にかかわろうとする積極的顔と、相手を避けようとする消極的顔の２つを持ち合わせる。
3. （　　）未知の文化での生活環境を理解し、その要求に応え、そこでの日常を無事に過ごせるようになることを指す。これは、文化的模倣（mimesis）や同化（assimilation）によって進むことが多いが、主体的な適応と（半）強制的な適応とがある。たとえば留学生が留学先で流行しているファッションを自らの意思で身につけて同化することもあれば、周囲からある行動を非難されて（半）強制的に適応を迫られることもある。かつてのアメリカでは先住民の子供を親から引き離して全寮制の学校に入れ、英語以外の言語使用を禁じた強制同化政策も行われた。どのレベルの適応過程においても不安感、違和感、カルチャー・ショックを経験する段階があるという。それを乗り越えると、その段階に適応するようになるが、トラウマを残したまま表面的

に適応したかのごとく振る舞うこともある。また、適応できずに精神治療を要する障害を負うこともある。
4.（　　）政府やある特定のグループが持つ言語に関する方針、またその実現のために実施される方策をいう。

ア．メンツ／顔
イ．言語政策
ウ．異文化適応
エ．エティック

16－文化3．―文化―

多言語主義（multilingualism）／多言語使用は、複数の言語が共存し、使用される状況や、それを推奨する考え方を指します。個人が複数の言語を習得し使用すること（個人多言語主義）や、社会全体が複数の言語を使う状況（社会的多言語主義）を含みます。例えば、国や地域で異なる言語が共存し、住民が複数の言語でコミュニケーションを取ることがあります。多文化主義（multiculturalism）とは、異なる文化的背景を持つ人々が共存し、それぞれの文化が尊重される社会のあり方を指します。多様な文化や価値観を受け入れることで、個々の文化が平等に存在し、相互に豊かさをもたらすことを目指します。この概念は、多文化共存や多様性の尊重を基礎にしており、特に移民や民族的マイノリティの権利を守るための社会政策とも関連しています。メディア・リテラシー（media literacy）は、情報を得るためのメディア（新聞、テレビ、インターネットなど）を批判的に理解し、評価し、活用する能力を指します。メディアがどのように情報を伝えるか、バイアスや意図が

どのように含まれているかを認識し、信頼性のある情報を選別するスキルが重要です。また、デジタル時代における情報の正確さや倫理についても考える力が求められます。研究手法の複線化とは、複数の異なる研究手法を併用し、研究の信頼性や多角的な視点を強化するアプローチです。例えば、質的研究と量的研究を組み合わせることで、データの解釈や結果の信頼性を高めることが可能です。この手法は、異なる理論的枠組みや方法論を取り入れることで、より深い理解や新しい洞察を得ることを目的としています。

問題
16－文化３．次の英語学の用語の説明で適切なものを記号で選びなさい。―文化―

1. （　　）各種メディアから必要な情報を得て、それを正確に理解し、批判的に検討・評価し、的確に判断する一方、自己の考えを適切なメディアを選択して送り出し、効果的に伝達できる総合的な能力のことである。リテラシーは文字の読み書きの能力を対象にしたことばではあるが、ラジオ、テレビ、映画、電話、ファックス、CD、DVDなどの各種音声・映像メディア、インターネットなどさまざまなメディアが出現し普及するにつれて、得られる多量の情報の中から必要な情報を的確に入手する能力と、それらを効果的に使う力の重要性が認められて生まれた概念である。コミュニケーションの形態の変容が新しいリテラシーの必要をもたらしたと言える。受け取る情報や送り出す情報の内容を中心にする面と、情報の獲得と発信のための各種メディアの選択・操作の知識と技能を中心に考える面がある。関心の置きどころによってそのどちらか、または両方を指すことがある。
2. （　　）１つの国の中に、さまざまな文化的背景を持つ複数の民族が

存在する場合、それらの民族間の相違を肯定的に受け入れ、互いに理解、尊重、受容し合おうとする考え方。
3. (　　) 社会的には、国または地域集団で2つ以上の言語を使用していることである。個人のレベルでは、2つ以上の言語を使用して生活していることである。国家主義のもとでは、単一の国語が国家統一の象徴とされ、国語の普及が強力に推し進められた。その結果、民族語や方言は軽視されるか弾圧された。しかし、国際化が進展し、経済的相互依存が増す今日では、国際語としての英語が普及するとともに、各民族・各集団の言語を尊重する方向に変わってきた。そして、人間社会においては、単一言語が使用される状態よりも、複数の言語が使用されている状態が自然であり、健全であると認識されるようになった。事実、世界には多言語使用集団のほうが、単一言語使用集団より比較にならないほど多い。
4. (　　)（質的研究において）ある現象に関して、より包括的な理解を得るために、いくつかの異なる情報源や手法を用いてデータを収集する過程のこと。最も主要なのは、インタビュー、観察、文書などの複数の情報源からデータを集めることであるが、異なる手法の使用（インタビュー、質問紙、テスト得点など）、複数の研究者による共同作業、データ解釈の際の複数の理論の使用にも関係する。

ア．多言語主義／多言語使用
イ．研究手法の複線化
ウ．メディア・リテラシー
エ．多文化主義（multiculturalism）

17－文法１．―文法―

　複雑コード／詳細コード／精密コード（elaborated code）とは、社会言語学者バジル・バーンスタインが提唱した概念で、言語の使い方が社会階層によって異なるという理論の一部です。複雑コードは、文法的に洗練された言語形式で、文脈に依存せず、詳細に説明された情報を伝えることができる言語スタイルです。一般に、教育水準の高い人々や、よりフォーマルな場面で使用されることが多いとされています。これに対して、制限コード（restricted code）は、文脈に依存した簡潔な表現形式で、家族や親しい友人間で使われやすいとされています。連語／コロケーション（collocation）とは、特定の単語が他の単語と共に使われる頻度が高い組み合わせを指します。例えば、"make a decision"や"heavy rain"のように、単語が特定のパートナーと共に自然に使われることが多い場合、そのペアがコロケーションとされます。コロケーションは、言語習得や自然な会話において重要な要素で、言語の流暢さや正確さを高めるためのポイントです。繋辞／コピュラ（copula）とは、文中で主語と述語を結びつける働きをする動詞や表現を指します。最も一般的なコピュラは英語における be 動詞です。例えば、"She is a teacher."の"is"がコピュラです。コピュラは、主語が何であるか、どのような状態にあるかを示すために使われます。一方で連結詞（conjunction）とは、文や文節を接続するために使われる接続詞のことを指し、コピュラとは異なる概念です。連結詞には"and"、"but"、"or"などがあります。適格性／容認可能性（acceptability）は、言語学で文や発話が文法的に正しいかどうかではなく、聞き手や話し手にとって自然で受け入れられるかどうかを指します。例えば、文法的には正しいけれども不自然な文章や、文法的には誤っていても会話ではよく使われる表現が存在します。適格性／容認可能性は、その発話や文が実際のコミ

ュニケーションにおいてどの程度受け入れられるかを判断するための概念です。

問題
17－文法１．次の英語学の用語の説明で適切なものを記号で選びなさい。―文法―

1. （　　）主に生成文法で用いられる用語。当該の言語の母語話者がどこにも不自然なところがないと判断するような発話を指して用いられる。その不自然さは文法論的な規則や原理に対する違反からのみ生ずるとは限らず、別のところに原因があることもある。従って、文法論的な違反はなくても、容認不可能な場合もある。
2. （　　）統語的・意味的に連結可能な語の中にも、使用頻度の高いものと低いものとがある。ある言語において実際の発話に繰り返しよく現れる語彙項目同士の共起関係をいう。
3. （　　）主語と、主語の属性・状態を表す述語とをつなぐ動詞をいう。be 動詞がその代表であるが、「現状」を示す appear, feel,「結果」を示す become, get なども含む。equative verb（等価動詞）, linking verb（連結動詞）ともいう。
4. （　　）低度のコンテキストで、想定されるあらゆるコンテキストに適用される詳細な規則という形のコードをいう。文法とも呼ばれる。restricted code（制限コード）に対するものである。

ア．連語／コロケーション（collocation）
イ．適格性／容認可能性（acceptability）
ウ．複雑コード／詳細コード／精密コード
エ．繋辞／コピュラ（copula）

18−文法２．―文法―

　有標（marked）とは、言語学において、特定の言語形態や要素が、通常の形、無標に対して、何らかの付加的な意味や特徴を持っていることを指します。例えば、英語では"lion"が無標で、性別を特定しない中立的な形であるのに対し、"lioness"は「有標」となります。このように、有標形は、特定の意味や性質が加わることで、通常形と区別されます。換喩／メトニミー（metonymy）は、ある物事を、直接関連する別の物事の名前で置き換えて表現する修辞技法です。例えば、「王座」を「王権」と表現したり、「ホワイトハウスが声明を出した」といった表現は、物理的な場所や物を、その機能や象徴するものに置き換える換喩の例です。ここでは「ホワイトハウス」がアメリカ政府や大統領府を指しています。メトニミーは、比喩の一種ですが、より直接的な関連性に基づいています。ジャーゴン（jargon）とは、特定の職業やグループ内でのみ理解される専門用語や言い回しを指します。医師、弁護士、ITエンジニアなど、各分野の専門家が、日常的な言葉ではなく、専門的な知識に基づいた用語や略語を用いる場合に、それがジャーゴンとなります。例えば、医療現場では"BP"は「血圧（blood pressure）」の略ですが、一般的な会話ではなじみが薄い場合があります。ジャーゴンは、その分野の内部の人々にとっては便利ですが、外部の人々には理解しにくい場合もあります。大母音推移（Great Vowel Shift）とは、中世から近世にかけて英語の母音体系に生じた大規模な変化を指します。この現象は、14世紀から18世紀にかけて起こり、英語の長母音の発音が大きく変化しました。例えば、Middle English（中英語）では"time"（タイム）は"teem"（ティーム）のように発音されていましたが、大母音推移によって現在の「タイム」と発音されるようになりました。この変化は英語の発音と綴りの間に大きなギャップを生む原因となり、現代英語の不規

則な綴りにも影響を与えています。

問題
18－文法２．次の英語学の用語の説明で適切なものを記号で選びなさい。―文法―

1. （　　）15世紀から17世紀にかけて英語の長単母音の発音が体系的に変化した現象。舌が前寄りの母音はより前方で上方の長母音へ、後寄りの母音はより後方で上方の長母音へ推移した。既に最上位の母音（[i：]と[u：]）は、二重母音（[ai]と[au]）に変化した。
2. （　　）職業仲間や趣味や興味を共有する人たちの間で用いられる特殊な語彙をいう。例えば、vegetable garden はアメリカの医療従事者の間では脳障害患者の病棟を、fried egg はゴルフ仲間で砂（バンカー）に半分埋まったボールを意味する。
3. （　　）2つの対立する語のうち、「Xである」というはっきりとした意味を持つものをいう。はっきりとした意味を持たないものを無標という。「書いた」の場合、はっきりと過去のことを指しているのでこれのことだけれども、「書く」には過去のことも指せば、過去でない時制のことも示すので無標である。無標は「Xである」も「Xでない」についてはっきりと示さない。
4. （　　）隣接性、近接性や関連性による比喩。陶磁器を"china"と呼んだり、鍋料理を「鍋」などと呼ぶことである。

ア．ジャーゴン（jargon）
イ．換喩／メトニミー
ウ．大母音推移
エ．有標（marked）

19−文法３．―文法―

　法性／モダリティー（modality）は、話し手の発話に対する態度や、発話内容の現実性、可能性、義務、意図などを示す文法的カテゴリーを指します。英語の例で言うと、"can"、"must"、"should"などの助動詞がモダリティーを表現します。モダリティーには以下の２つの主要な種類があります。可能モダリティー：話し手が発話内容をどれだけ確信しているか、または可能性をどう評価しているかを示す。例："He might be at home."（彼は家にいるかもしれない。）義務モダリティー：義務や許可、意図を表す。例："You must finish your homework."（宿題を終わらせなければならない。）開音節（open syllable）とは、子音で終わらず、母音で終わる音節を指します。音節の末尾が母音で終わるため、「開いている」と表現されます。例えば、英語の"me"や"go"の音節は母音で終わっているため、開音節とされます。これに対して、子音で終わる音節は閉音節（closed syllable）と呼ばれます。例えば"cat"や"dog"の音節は子音で終わっており、閉音節です。最小対立項／最小対／ミニマル・ペア（minimal pair）は、音声学や音韻論で、たった１つの音素の違いだけで意味が変わる語のペアを指します。これによって、その音素が意味を区別する機能を持つ（対立する）ことが確認できます。例えば、英語の"pat"と"bat"は、"p"と"b"の１つの音の違いによって意味が異なります。これがミニマル・ペアの典型例です。ミニマル・ペアは、音韻論における音素の研究や、第二言語習得において発音やリスニングの練習にも用いられます。

問題
19−文法３．次の英語学の用語の説明で適切なものを記号で選びなさい。―文法―

1. （　　）同じ環境で、1つの音を互いに入れ替えることによって意味の違いが生じる2語をいう。例えば英語の bad[bæd]と dad[dæd]、wipe[waɪp]と wife[waɪf]など。最小対は2つの類似する音を対立させることで、音の差異を顕著にし、それが意味に変化を及ぼすことを認識させるものである。
2. （　　）ムードの根底にある話者の表現態度やそれの持つ性質のこと、あるいはムードの表示する言語的な意味のことである。ムードとは、話者の表現態度（心的態度）に応じた動詞の屈折の分類のことであり、法とも言い、直説法・仮定法・条件法・命令法などがある。これはヨーロッパ言語学の用語で、日本語には適用しがたい。
3. （　　）母音によって終わる音節のこと。日本語は［子音＋母音］という構造の音節が基本であり、これが圧倒的に多い。そのため、例えば英語の "strike" は（1つの）閉音節による語だが、日本語に写されると「ストライク」または「ストライキ」のように末尾に母音が添加される。

ア．開音節
イ．最小対立項／最小対／ミニマル・ペア（minimal pair）
ウ．法性／モダリティー（modality）

20 - 文法 4．—文法—

　高低アクセント／高さアクセント／ピッチアクセント（pitch accent）は、言語における音の高さ（ピッチ）が意味の区別に使われるアクセントの種類を指します。これは、音節や単語の特定の部分のピッチが他と異なることで、意味が区別されるという仕組みです。たとえば、日本語

では、「はし」という単語が「箸（食器）」か「橋（構造物）」かは、アクセントの位置によって区別されます。ピッチアクセントは、ストレスアクセント（強弱アクセント）とは異なり、音の高さに基づいて意味が変わる点が特徴です。後置詞（postposition）は、前置詞と逆の働きをする文法要素で、名詞や代名詞の後ろに置かれて、その名詞や代名詞の役割を補足する言葉です。たとえば、日本語の「〜の後で」の「で」や、「〜に対して」の「して」などが後置詞の例です。英語では前置詞が一般的（例：in, on, at）ですが、後置詞は日本語や韓国語、トルコ語など、特定の言語においてよく見られます。命題（proposition）とは、文や発話が表す意味内容、つまり「真偽を持つことができる主張」や「意味の単位」を指します。論理学や言語哲学では、命題は主に真か偽かが判定できる文の内容として扱われます。たとえば、「太陽は東から昇る。」という文は、真偽を判定できる命題です。命題はその文の具体的な表現形態に依存せず、意味そのものに関する概念です。音韻論（phonology）は、言語における音のシステムや音声の構造を研究する言語学の分野です。音声学が言語音の物理的な性質（発音や音の物理的な特徴）に焦点を当てるのに対し、音韻論はその音が言語体系の中でどのように機能しているかに注目します。たとえば、特定の言語でどの音が意味を区別するために重要か（音素）や、音がどのように変化していくか（音韻変化）を分析します。

問題
20－文法４．次の英語学の用語の説明で適切なものを記号で選びなさい。―文法―

1.（　　）人間言語に見いだされる音型・音体系を研究する言語学の分野。また、話者が母語の音型に関して有している知識、すなわち個別

言語の音型そのものを指す場合もある。
2. （　　）音の高さの高低によるアクセントをいう。日本語はこれである。中国語やタイ語のように同じ拍のなかで高低が変化するタイプを特に声調と呼んで区別することがある。
3. （　　）名詞（句）の後に続き、その名詞の他の語に対する関係を示す側置詞。日本語の「に」「で」「の」などの格助詞：「この本の著者」（the author of this book）における「の」がこれである。
4. （　　）断定・否定・仮定などの対象となる意味内容表現のことをいう。真または偽の真理値が付与される。

ア．命題
イ．後置詞（postposition）
ウ．高低アクセント／高さアクセント／ピッチアクセント
エ．音韻論（phonology）

21－文法5．―文法―

　プロトタイプ理論（prototype theory）は、カテゴリー（概念）を定義する際に、そのカテゴリーに属する典型的な例（プロトタイプ）を中心に、他の例を位置づけるという理論です。従来のカテゴリー理論では、全てのメンバーが同じ特徴を共有すると考えられていましたが、プロトタイプ理論では、ある例がより「典型的」であるとみなされ、他の例はそのプロトタイプからの距離に基づいてカテゴリーに属するかどうかが判断されます。例えば、「鳥」というカテゴリーでは、スズメやハトが典型的な「プロトタイプ」に当たり、ペンギンやダチョウはプロトタイプから離れた位置にあるため、鳥としてはやや「典型的ではない」と

されます。エレノア・ロシュ（Eleanor Rosch）によって提唱され、認知言語学や心理学で広く応用されています。無声母音（voiceless vowel）とは、声帯を振動させずに発音される母音のことを指します。通常、母音は声帯が振動する「有声音」として発音されますが、特定の言語や文脈では、母音が無声化することがあります。例えば、日本語では、単語の途中にある母音が無声化することがあり、「すき（好き）」や「くるま（車）」の「き」や「く」が無声化される場合があります。この無声母音は、特定の音環境（たとえば、前後に無声音がある場合）で発生しやすいです。音律／韻律／プロソディ（prosody）は、個々の音素を超えた音声的特徴を指します。主要な要素には以下のものがあります。アクセント：単語や句レベルでの音の強さや高さの変化、イントネーション：文全体の音の高低変化、リズム：音声の時間的配置、音調：声の高さの変化（特に声調言語：東スーダン諸語などで重要）。言語学的機能には以下のものがあります。文法的機能：疑問文と平叙文の区別など、談話機能：新情報と旧情報の区別や話者の態度の表現など、感情表現：話者の感情や意図の伝達。言語類型論的観点には以下のものがあります。ストレスアクセント言語（英語など）、ピッチアクセント言語（日本語など）、声調言語（中国語など）。

問題
21－文法５. 次の英語学の用語の説明で適切なものを記号で選びなさい。―文法―

1. （　　）音の本質的な分節に付随してあらわれる副次的な特性、または、その特性の（体系的な）記述のこと。これを欠落させたメッセージ（例えば文字への転写）は成り立つが、これだけで構成されたメッセージはありえないため、周辺的な言語事象とも呼ばれる。アクセン

トやイントネーションの記述などを含む意味では、韻律法・韻律学と言われることもある。

2. (　) 認知言語学（cognitive linguistics）の理論で、語彙意味論（lexical semantics）の1つ。例えば、「鳥」という語は、「空を飛ぶ」「くちばしがある」「2本足である」など、さまざまな属性（意味素性：semantic feature）を持っていると考えられる。しかしそのような属性のみでは、言語の意味を十分説明することができない。例えば、「鳥」というカテゴリーは、中心的メンバーとしてスズメやツバメなどを、周辺的メンバーとしてペンギンやダチョウなども含む。ペンギンやダチョウが「空を飛ぶ」という属性を持っていないことからも分かるように、「鳥」という範疇の周辺的メンバーは、「鳥」である最低条件（定義条件）は満たしているが、「鳥らしさ」を決定する条件（特徴付け条件）は満たしてはいない。ある範疇における中心的メンバーのもつ属性の集合、あるいは中心的メンバーそのものをプロトタイプと呼ぶ。ある語がその範疇に属するかどうかの判断は、プロトタイプとの全体的類似によってなされると考えられている。また、心理言語学（psycholinguistics）の研究では、ある範疇の中心的メンバーは、同じ範疇の周辺的メンバーと比較すると、範疇に属するかどうかの判断にかかる時間が短く、その範疇の例として思いつくのが容易で、学習されるのが早いことが判明している。

3. (　)（一般に母音は有声音だが）無声の母音のこと。調音器官の構えが（通常の）母音と同じで、声を伴わない呼気によって生じる音。無声化母音という術語が、本来の有声音から交替した音という意味を含むのに対して、音声の実態に即した術語と考えられる。

ア．無声母音
イ．プロソディ／音律／韻律
ウ．プロトタイプ理論

22－文法６．―文法―

　強弱アクセント／強勢アクセントは、特定の音節に対して他の音節よりも強く発音することで意味を区別するアクセントのタイプです。この強弱の違いが言語のリズムや発音の特徴を形成します。例えば、英語では"present"（贈り物）という単語は、名詞として発音される場合は［préznt］（前に強勢）、動詞として発音される場合は［prizént］（後ろに強勢）のように、音節の強弱が変わることで意味も異なります。強弱アクセントは、言語の意味を区別するために重要な役割を果たし、英語、ドイツ語、ロシア語などの多くの言語で見られます。これに対して、日本語や中国語のようにピッチ（音の高さ）が意味を区別する場合は「ピッチアクセント」と言います。超文節素（supersegmental phoneme）は、個々の音素（子音や母音）を超えて、音声全体に影響を与える特徴を指します。これには以下のような要素が含まれます。イントネーション（抑揚）：文やフレーズの音の上昇や下降、強弱（ストレス）：特定の音節に対する発音の強さや弱さ、リズム：音節や音のタイミングや長さ、ピッチアクセント：音の高さに基づくアクセントのパターン。これらの要素は、音声コミュニケーションにおいて感情や意味のニュアンスを伝えるのに重要です。無標（unmarked）とは、言語において、最も一般的で中立的な形や形態を指します。無標は、特別な特徴を持たないため、自然で「デフォルト」な形として扱われます。これに対して、有標（marked）は、何らかの追加的な特徴を持っていて、より特別な意味や文脈に適した形です。例えば、英語の名詞の複数形は通常"-s"をつけて表現しますが（"cats", "dogs"など）、"geese"（ガチョウ）や"children"（子ども達）のように不規則な複数形は有標とされ、複数形のデフォルトの形（無標）ではありません。無標形は、文法や形態素のシステムにおいて、他の形と比較して中立的で、特に目立つ特徴を持た

ない場合に使用されます。これらの概念は、言語学の理論や実践において重要であり、特に音声学、形態論、音韻論などにおいて頻繁に使用されます。

問題

22－文法６．次の英語学の用語の説明で適切なものを記号で選びなさい。―文法―

1. (　　) アクセントの一種で、大きさによって卓立が示されるものをいう。例えば、英語やドイツ語などのアクセントがこれである。ピッチアクセント（pitch accent）に対するものである。
2. (　　) 主にアメリカ構造言語学の用語。発話の流れの中での連続的単位のこと。1つまたは、複数の分節音にわたって、同時に重なり合うように生じる単位をいう。アクセントなどが超分節素の例であり、複数の音素にまたがって現われることもある。
3. (　　) 対立する2つの項において、ある徴標を持っていない方をいう。広義には一般的で単純な言語単位をいう。有標（markedness）に対するものである。

ア．超文節素
イ．強弱アクセント／強勢アクセント
ウ．無標（unmarked）

23－言語習得１．―言語習得―

言語能力は、言語を理解し産出する人間の生得的な能力を指します。

この概念は主にノーム・チョムスキーによって提唱されました。主な特徴は以下の通りです。普遍文法：全ての人間が生まれながらに持つ言語の基本的な構造や規則の知識、創造性：新しい文を無限に生成し理解する能力、言語習得装置：子どもが言語を自然に習得できる生得的なメカニズム。言語能力は、実際の言語使用（言語運用）とは区別されます。言語能力が潜在的な知識を指すのに対し、言語運用は実際のコミュニケーション場面での言語使用を指します。認知方略は、学習者が情報を処理し、学習を効果的に行うために用いる心的プロセスや技術を指します。言語学習においても重要な役割を果たします。主な認知方略は以下の通りです。反復：新しい情報を繰り返し練習する、精緻化：新しい情報を既存の知識と関連付ける、組織化：情報を分類し構造化する、メタ認知：自身の学習プロセスを監視し調整する。情意フィルター仮説は、スティーブン・クラッシェンによって提唱された第二言語習得理論の一部です。この仮説は、学習者の感情的要因が言語習得に影響を与えるという考えに基づいています。主な特徴は以下の通りです。情意フィルター：学習者の不安、自信の欠如、動機付けの低さなどが、言語入力の処理を妨げる心理的な障壁として機能する。フィルターの高低：フィルターが低い（リラックスした状態）ほど言語習得が促進される。教育的示唆：教師は学習者の不安を軽減し、自信と動機付けを高める環境を作ることが重要である。言語資料／コーパス（corpus）は、言語研究や言語教育のために収集された大規模な言語データの集合を指します。主な特徴は以下の通りです。実際の言語使用：自然な言語使用の例を含む、大規模性：大量のテキストや発話データを含む、電子化：コンピュータで処理可能な形式で保存される、注釈付け：品詞や構文情報などの言語学的注釈が付けられることがある。コーパス利用は以下のように行います。言語研究：語彙、文法、言語変化などの研究に使用する、辞書編纂：語の用法や頻度の分析に活用する、言語教育：教材開発や学習者の言語使用分析に利用する、自然言語処理：機械翻訳や音声認識などのシステム

開発に使用する。

問題

23－言語習得1．次の英語学の用語の説明で適切なものを記号で選びなさい。―言語習得―

1. （　　）Dulay et al.（1982）の提唱する仮説。第二言語の習得過程で学習者が抱く不安、自信、自意識、ためらいなどの心理作用が習得の成功度に関与するというものである。
2. （　　）言語を学習する場合、学習者が用いる情報の識別・概念化・一般化などの精神的過程をいう。Hawkey（1982）は、場依存性と、場独立性を認知のスタイルの両極として提示している。
3. （　　）Chomsky（1965）の用語。完全に等質的な言語社会で、その言語を完全に知っており、その言語を運用する際に記憶の制限、言い誤りなどのない理想化された話者・聴者の言語知識をいう。performance（言語運用）に対するものである。
4. （　　）ある特定の言語・方言もしくはその他のバラエティ（多様性）を代表する実際に使用された話し言葉・書き言葉のテキストの集合体で、コンピュータによって蓄積・処理されるものをいう。

ア．認知方略
イ．情意フィルター仮説
ウ．言語資料／コーパス（corpus）
エ．言語能力

24 − 言語習得２．―言語習得―

　コード化とコード解読は、言語コミュニケーションの基本的なプロセスを指します。コード化（エンコーディング）：話し手や書き手が自分の考えや感情を言語記号に変換するプロセスのことで、脳内で概念を言語形式に変換し音声や文字として表出する。コード解読（デコーディング）：聞き手や読み手が言語記号を意味のある情報に変換するプロセスのことで、受け取った音声や文字を解釈し、元の概念や意図を理解する。これらのプロセスは、言語習得や言語処理の研究において重要な概念です。効果的なコミュニケーションには、適切なコード化とコード解読の能力が必要です。クレオール（語）は、異なる言語が接触する状況で生まれた新しい言語を指します。主な特徴は以下の通りです。形成過程：ピジン語（簡略化された接触言語）が母語化されて発展した、語彙：主に支配的な言語（通常はヨーロッパ言語）から借用された、文法：単純化されつつも独自の体系を持つ。例としては以下のものがあります。ハイチ・クレオール（フランス語基盤）、ジャマイカン・パトワ（英語基盤）、トク・ピシン（英語基盤、パプアニューギニアで使用されている）。クレオール（語）の研究は、言語の普遍性や言語習得のメカニズムを理解する上で重要な示唆を与えています。臨界期仮説は、言語習得に最適な時期（臨界期）が存在するという理論です。主な主張は以下の通りです。年齢制限：言語習得には最適な年齢期間がある（通常、思春期前後まで）、習得の容易さ：臨界期内では言語習得が自然かつ容易、臨界期後の困難：この期間を過ぎると特に文法や発音の完全な習得が困難になる。この仮説には批判もあり、特に第二言語習得における臨界期の存在や、その厳密な年齢については議論が続いています。

第2章

問題

24－言語習得２．次の英語学の用語の説明で適切なものを記号で選びなさい。―言語習得―

1. （　　）異なる２つ（または２つ以上）の言語が接触したときに異種民族間の伝達手段として生まれる中間言語がその地域の人々にとって母語となったものをいう（例：ガラ語）。
2. （　　）Lenneberg（1967）の仮説。子供の言語習得に、他の時期に比べ、容易に効率よく言語を習得できる期間（およそ思春期まで）が存在するというもの。
3. （　　）情報理論で、受信者がメッセージを一定のコードに基づいて読み取ることをいう。自然言語の対人的コミュニケーションでは受信者がコード解読装置となる。encoding（コード化）に対するものである。
4. （　　）情報理論において、発信者がメッセージを一定のコードに従ってつくり上げることをいう。自然言語の対人的コミュニケーションでは発信者がこの装置を兼ねるのが普通である。decoding（コード解読）に対するものである。

ア．臨界期仮説
イ．コード化
ウ．コード解読
エ．クレオール（語）

25 – 言語習得３．―言語習得―

　暗示的知識と明示的知識は、言語学習者が持つ言語知識の二つの異なる形態を指します。暗示的知識の定義：意識せずに習得され自動的に使用される言語知識、特徴：直感的に言語を使用できて言語規則を明確に説明することは難しく自然な言語使用に近い。例：母語話者が文法的に正しい文を作れるが、その理由を説明できない場合。明示的知識の定義：意識的に学習され意図的に適用される言語知識。特徴：言語規則を明確に説明できて使用には意識的な努力が必要であり学校での文法学習で主に獲得される。例：文法規則を暗記し、それを意識的に適用して文を作る場合。化石化（fossilization）の定義：第二言語学習者の言語能力が特定の段階で停滞しそれ以上進歩しなくなる現象である、特徴：誤りが固定化され長期間の学習や訂正にもかかわらず改善されず特定の文法項目や発音などで起こりやすい。原因：母語の干渉や不適切な学習方法やモチベーションの低下。対策：適切なフィードバックや意識的な練習や多様な言語入力の提供。フォーリナートーク／外国人向け話法については以下の通りです。定義：母語話者が非母語話者とコミュニケーションを取る際に使用し簡略化された言語を使用する、特徴：ゆっくりとした発話で簡単な語彙や文法を使用し頻繁な繰り返しや言い換えや誇張された抑揚を使用する。目的：コミュニケーションを促進し理解を支援する。議論：学習者の理解を助ける一方で自然な言語入力を制限する可能性があり過度の使用は学習者の言語発達を妨げる可能性がある。

問題
25－言語習得３．次の英語学の用語の説明で適切なものを記号で選びなさい。―言語習得―

1. （　　）意識的な言語知識のこと。これは、主に形式重視の指導（form-focused instruction）を通して習得され、次の点において言語習得を促進すると考えられている：①学習者がインプット（input）の中の言語項目に気づくこと（noticing）を助ける。②学習者が自分の誤り（error）に対して敏感になることを助ける。③学習者が自分のアウトプット（output）を修正するのを助ける。文法用語などに関する知識であるメタ言語知識と似てはいるが、同じものではない。学習者が自分の言語知識を言葉で説明できる場合（文法用語は使わなくても）、その知識は意識的に処理されるこの知識であると考えられる。この知識の定義、言語習得への効果、および、この知識が暗示的知識に変わり得るかという点に関しては、現在のところ議論が分かれている。この知識は無意識的な知識である暗示的知識（implicit knowledge）と対比される。
2. （　　）その言語の習得が未熟な外国語話者に対して母語話者が使う話法をいう。その特徴として、速度を落とす、声高、誇張した発音、簡略化された語彙や文法などが見られる他、トピックを繰り返したり文頭に置くなどの操作も見られる。
3. （　　）学習者の中間言語の中に目標言語の不十分または不正確な言語形式が定着することをいう。これは音韻、統語、語彙などの様々な言語的側面で現れる。
4. （　　）誰からも意識的に習ったわけではないのに身につけている、無意識的な知識。直観的なものであり、言葉で明確に説明することができない場合が多い。意識的な言語知識である明示的知識（explicit knowledge）と対比される。例えば、日本語を母語とする人は、「は」と「が」の使い分けを自然にしている。しかし、これは他人に説明しようとすると大変難しい。即ち、日本人は、自分の母語の文法に関してこの知識を持っていると言える。この知識は、意識的な学習ではなく、大量の言語データに触れることによって自然に身につく言語知識であると考えられる。第二言語／外国語習得の場合、この知識の習得

は、明示的知識の習得によって促進されるという仮説もあるが、議論は分かれている。

ア．フォーリナートーク／外国人向け話法
イ．暗示的知識
ウ．明示的知識
エ．化石化（fossilization）

26－言語習得４．―言語習得―

　中間言語（intermediate language）は、第二言語学習者が目標言語を習得する過程で形成する言語体系を指します。主な特徴は以下の通りです。体系性：学習者独自の規則性を持つ、可変性：学習の進行に伴い変化する、化石化：特定の誤りが長期間固定化することがある。中間言語は、母語と目標言語の中間に位置する独自の言語体系として捉えられ、学習者の言語発達を理解する上で重要な概念です。中間言語語用論は、第二言語学習者の語用論的能力の発達に焦点を当てた研究分野です。主な研究対象には、発話行為の習得、語用論的転移、文脈に応じた適切な言語使用の発達、があります。この分野では、学習者が目標言語の社会文化的規範や文脈に応じた言語使用をどのように習得していくかが探究されます。インプット仮説（input hypothesis）は、スティーブン・クラッシェンが提唱した第二言語習得理論の一つです。主な主張としては、理解可能なインプット：学習者の現在のレベル（i）よりやや高いレベル（i+1）のインプットが言語習得を促進する、というものがあり、次の２つの特徴があります。自然な習得：十分な理解可能なインプットがあれば文法は自然に習得される、アウトプットの役割：言語産出は習

得の結果であり直接的な要因ではない。クラッシェンは、この仮説を第二言語習得の中核的な理論として位置づけています。インターアクション仮説／相互交流仮説は、マイケル・ロングが提唱した理論で、言語習得におけるインタラクション（相互作用）の重要性を強調しています。主な主張は次のものです。意味交渉：学習者と母語話者（または熟達した話者）とのインタラクションが言語習得を促進する、理解可能なインプットの生成：インタラクションを通じて学習者に適したレベルのインプットが生成される、フィードバック：インタラクション中のフィードバックが言語形式への気づきを促す。この仮説は、クラッシェンのインプット仮説を発展させ、インタラクションの役割を重視しています。これらの理論は、第二言語習得研究に大きな影響を与え、言語教育実践にも応用されています。ただし、各理論には批判や議論もあり、研究者間で継続的な検証と議論が行われています。

問題

26－言語習得４．次の英語学の用語の説明で適切なものを記号で選びなさい。―言語習得―

1. （　　）S. Krashen（1981）の提唱する仮説。現在の言語能力（i）よりもやや高度な言語項目（１）を含む言語（i ＋ 1）の入力を理解することにより目標習得が可能になるというもの。
2. （　　）目標言語による相互交流（interaction）が言語習得を促進するという仮説。1980年代のものでは、相互交流はインプット（input）を理解可能にする働きを持っているので、言語習得を促進すると考えられていた。これは、「言語習得には理解可能なインプット（comprehensible input）が不可欠である」と主張するS. Krashenのインプット仮説（The Input Hypothesis）に基づき、相互交流がイ

ンプットの理解を進めるという点を強調したものであった。相互交流の中で、意思の疎通がうまくいかなくなった場合、対話者は発話を言い換えたり、相手に言い換えてもらったりして、インプットを理解可能なものに変えるための様々な言語的修正を行う。このような意味を求め合う相互交渉（＝意味交渉：negotiation of meaning）によって、インプットが理解可能なものになり、それによって言語理解、そして言語習得が促進されると考えられていた。つまり、相互交流はインプットの理解を助けるという点において重要であると見なされていた。その後の研究成果から、相互交流がインプットの理解だけではなく、言語習得のさまざまなメカニズムに大きく作用することが明らかにされ、この仮説も修正されてきている。現在では、相互交流の役割は次のようにとらえられている：①相互交流の中で学習者に与えられる相互交流的修正（interactional modification）はインプットを理解可能にする。②相互交流の中で学習者はフィードバック（feedback）を受けることができる。これによって、学習者は自分が構築した規則（＝中間言語規則）が適切かどうかを検証することができる。③相互交流的修正は、学習者のアウトプット（output）をより多く引き出すとともに、学習者がアウトプットを修正する機会を与える。この仮説はタスク中心教授法（task-based instruction）などの相互交流活動を重視した言語教育の理論的背景となっている。

3. （　　）Selinker（1972）の用語。第二言語習得の過渡的段階で、学習者が目標言語を使用して産み出した言語ではあるが、その言語の母語話者が同じ意味を表すのに用いる言語体系とは異なるものを言う。習得者の母語の文法や発音に影響されていることがある。

4. （　　）第2言語習得研究の内、語用論レベルに焦点を当てた研究領域、学習者の第2言語による発話行為や談話ストラテジーの特徴、発話行為の理解過程、語用能力（pragmatic competence）の習得過程などを解明することを目的とする。第2言語習得研究では、これまで

主として音韻論・形態論・統語論・意味論レベルの研究が盛んに行われてきたが、1980年代に入って語用論レベルの研究の重要性が唱えられるようになった。当初は、第2言語による発話行為（特に、依頼・陳謝・断り）の特徴に焦点が当てられ、言語習得よりも言語使用の研究に焦点が注がれていた。この傾向は90年代に入っても続いたが、90年代後半から第2言語による語用能力の習得が当てられるようになり、現代では第2言語習得研究の主要領域の1つとなっている。このように、これは第2言語研究の一領域ではあるが、異文化語用論（cross-cultural pragmatics）の調査研究方法も採用しているため、語用論研究の一領域としても位置づけられる。

ア．インターアクション仮説／相互交流仮説
イ．インプット仮説（input hypothesis）
ウ．中間言語語用論
エ．中間言語（intermediate language）

27－言語習得5．―言語習得―

　言語転移は、母語や他の言語から学習中の言語に影響を与える現象を指します。これはポジティブな転移（母語の知識が助けになる場合）とネガティブな転移（母語のルールが誤用を引き起こす場合）に分かれます。言語転移は、言語習得のプロセスにおいて重要な要素であり、学習者の言語能力に大きな影響を与えます。言語転移は、発音、語彙、文法、語用論など、言語のあらゆる側面で起こり得ます。例えば、日本語を母語とする英語学習者が"I am student."と言うのは、日本語の「私は学生です。」という文構造の影響による負の転移の例です。言語の乗

り換え／言語の入れ替わりとは、個人や社会が使用する主要言語が変化する現象を指します。主な状況としては、個人レベル：移民が新しい環境で主に使用する言語を変える場合、社会レベル：ある言語が別の言語に取って代わられる場合（言語シフト）、があります。言語の乗り換えは、しばしば社会的、政治的、経済的要因によって引き起こされます。例えば、グローバル化に伴い、多くの国で英語の使用が増加し、地域言語の使用が減少する傾向があります。言語相対論（言語相対性仮説、サピア＝ウォーフの仮説としても知られている）は、使用する言語が思考や世界観に影響を与えるという考え方です。主な主張は、強い仮説（言語決定論）：言語が思考を完全に決定する、弱い仮説（言語相対論）：言語が思考に影響を与える、ただし決定はしない、があります。例：色彩語彙の違いが色の認識に影響を与える可能性がある、空間表現の違いが空間認知に影響を与える可能性がある。言語相対論は、言語学、認知科学、文化人類学などの分野で議論が続いています。完全な言語決定論は現在ではほとんど支持されていませんが、言語が思考に何らかの影響を与えるという弱い仮説は広く受け入れられています。内発的動機づけ／内的動機づけは、外部からの報酬や罰ではなく、活動自体の楽しさや満足感から生じる動機づけを指します。特徴としては次のものがあります。自己決定性：学習者自身が学習の主体となる、持続性：外的な報酬に依存しないため長続きしやすい。質の高い学習：深い理解と創造性を促進する。言語学習における例には次のものがあります。目標言語の文化に興味があるため学習する、外国語を話すこと自体が楽しいと感じて学習を続ける。内発的動機づけは、効果的な言語学習のための重要な要素の一つとされています。教育者は学習者の内発的動機づけを高めるような環境作りや教授法の工夫を行うことが重要です。

第2章

問題

27－言語習得5．次の英語学の用語の説明で適切なものを記号で選びなさい。―言語習得―

1. （　　）動機づけとは、たとえば外国語習得という大きな目標の達成、あるいは、さらに細かな個々の目標の達成などに結びつくような心理的な特性である。その中では、達成感、自尊心、問題を解決した誇り、思った通りに言語活動ができることなどを指す。たとえば、これを持つ学習者は、言語それ自体のために（それが学習の対象としておもしろいから）学びたいと思うことである。動機付けには、他に外的動機づけがある。
2. （　　）異なる言語間の経験を比較することはできないとする立場のこと。言語によって同一の対象に対する概念化の仕方が異なるという考え方である。
3. （　　）ある言語から他の言語の使用へ移行することをいう。例えばヨーロッパからアメリカやオーストラリアへの移民のように使用言語を異にする地域からの移民（特に2世以降）などにしばしば起こる。
4. （　　）ある言語の知識が別の言語を習得する際に及ぼす影響をいう。母語と目標言語の類似が目標習得を促進する場合は正の転移、両者間の相違が習得を妨げる場合は負の転移と呼ばれる。

ア．言語相対論
イ．言語の乗り換え／言語の入れ替わり
ウ．言語転移
エ．内発的動機づけ／内的動機づけ

28 – 言語習得6．―言語習得―

　気づき（awareness）は、自分の内外の状況や変化を認識する能力を指します。主な特徴としては、現在の瞬間に注意を向ける、判断を加えずに観察する、思考、感情、感覚を客観的に捉える、があります。気づきは言語学習において次のような重要な役割を果たします。言語形式や使用に対する注意を高める、自己の学習プロセスへの理解を深める、効果的な学習戦略の選択を促進する。メタ認知（metacognition）は、自分の認知プロセスを認識し、制御する能力を指します。主な要素としては、メタ認知的知識：自分の認知能力や学習プロセスについての知識、メタ認知的制御：学習や問題解決の過程を計画・モニタリング・評価する能力、があります。メタ認知は学習効果を高める重要な要因とされています。メタ認知方略は、学習者が自身の学習プロセスを管理・制御するために用いる戦略です。主な方略には次のものがあります。計画：学習目標の設定と適切な学習方法の選択、モニタリング：学習進捗の確認と理解度の自己評価、調整：学習方法の修正と新たな戦略の採用、評価：学習成果の振り返りと効果的だった方法の特定。これらの方略を適切に使用することで、学習効率と効果を高めることができます。学習者方略は、学習を効果的に進めるために学習者が用いる具体的な技術や行動を指します。主な分類は以下の通りです。認知的方略：情報の処理や記憶を助ける方法（例：反復、要約、図式化）、メタ認知的方略：前述のメタ認知方略と同様、社会的方略：他者との相互作用を通じて学習を促進する方法（例：質問、協働学習）、情意的方略：学習への動機づけや感情のコントロール（例：自己励まし、リラックス法）。これらの方略は、学習者の個性や学習スタイル、学習内容に応じて適切に選択し組み合わせることが重要です。

第2章

問題

28－言語習得6．次の英語学の用語の説明で適切なものを記号で選びなさい。―言語習得―

1. （　　）学習者が言語知識を身につけるために用いる認知方略をいう。言語規則を構築するための「学習方略」、発話文を頭の中で構成したりする「表出方略」、意思伝達に関する「伝達方略」に分類される。
2. （　　）これの概念規定に関しては、ややあいまいな部分もあるが、概ね、メタ認知的知識（metacognitive knowledge）と、モニターや制御などに関するメタ認知的活動（metacognitive activities）の2つに大別できる。メタ認知能力とは、自分の認知活動や認定過程などを通常の認知レベルよりも、より高次の認知レベルで認知・認識する能力、換言すれば、自分の認知活動などをモニターし、適宜、制御していく能力のことである。読解を例に挙げれば、メタ認知能力とは、読み手自身が自分の読みの理解度を客観的に認識し、自分の読解活動や読解過程をモニターし、問題解決のストラテジーなどを構築する能力であると言える。
3. （　　）学習者が自分の心理的方略について考えたり、学習過程をモニターしたり、進歩の度合いを評価したりすることをいう。新しい単語の覚え方の考案、文法規則理解の効果的な方法の選択などが含まれる。
4. （　　）目標言語の形式的特徴とそれが表す意味・機能との関連に学習者が意識的に気づくこと。特定の言語項目が、与えられたインプット（input）の中に存在していることに気づき、それらがどのような形式的な特徴を持って、どのような意味を表わしているのかに気づくことは、第二言語／外国語習得に不可欠な認知的プロセス（cognitive process）であると考えられている。特に、言語項目を自由に使いこ

なせるようになるためには、その項目に意識的に気づくことが前提条件となる。ここで言う意識（consciousness）が何を表わすのかについては議論が分かれている。言語形式に学習者の意識を向けさせる指導は意識化（consciousness raising）と呼ばれ、そのしくみに基づくさまざまな指導方法が提案されている。これが起こるためには、文法を重視した指導を個別に行うだけではなく、意味重視、コミュニケーション重視の言語活動の中に、学習者の意識を言語形式に向けさせる指導を組み込むことが重要である。

ア．メタ認知（metacognition）
イ．学習者方略
ウ．気づき（awareness）
エ．メタ認知方略

29－言語習得7．―言語習得―

運用能力／言語運用は、実際のコミュニケーション場面で言語を適切に使用する能力を指します。主な特徴としては、文脈に応じた適切な言語使用、流暢さと正確さのバランス、社会言語学的な適切さ、があります。運用能力または言語運用は、言語能力（言語の潜在的な知識）と区別されます。言語能力が言語の規則や構造の知識を指すのに対し、運用能力／言語運用はその知識を実際のコミュニケーションで活用する能力を指します。関連性（relevance）は、特定の文脈や状況における情報の適切さや重要性を指します。主な特徴としては、文脈依存性：情報の関連性は常に特定の文脈に依存する、認知効果：関連性の高い情報は、より大きな認知効果をもたらす、処理労力：関連性の高い情報はより少

ない処理労力で理解できる、があります。関連性理論（relevance theory）は、Dan Sperber と Deirdre Wilson によって提唱され、人間のコミュニケーションと認知プロセスを説明する重要な理論となっています。ピジン（pidgin）は、異なる言語を話す人々の間でコミュニケーションを取るために発生した簡略化された言語形式です。主な特徴としては、簡略化された文法構造、限られた語彙、母語話者を持たない、があります。ピジンは通常、貿易や植民地化の過程で生まれ、長期間にわたって使用され、次世代に受け継がれると、クレオール（語）に発展することがあります。音声学（phonetics）は、人間の言語音の物理的な性質と生成・知覚のメカニズムを研究する言語学の分野です。主な分野としては、調音音声学：音声の生成メカニズムを研究、音響音声学：音声の物理的特性を研究、聴覚音声学：音声の知覚メカニズムを研究、があります。音声学は、言語学の他の分野（音韻論、形態論など）と密接に関連しており、言語の音声システムを理解する上で重要な役割を果たしています。また、音声認識や音声合成などの応用分野にも大きく貢献しています。

問題

29－言語習得7．次の英語学の用語の説明で適切なものを記号で選びなさい。―言語習得―

1. (　　) ある社会で言語生活を営むために必要な言語使用にかかわる知識や能力をいう。言葉の民族誌における中心的な概念。言語能力は生得的であるのに対し、この能力は社会化の過程で獲得される。個々の具体的な場面における言葉の実際的使用のことを指す場合もある。competence（言語能力）に対するものである。
2. (　　) 消化器と呼吸器を用いて人間が発することのできる音の産出方法、知覚のしかた、空気力学的・音響学的性質、および、言語音と

しての使用状況を研究する学問分野。David Abercrombie は書記体系の研究も加えている。これは、脳にたくわえられている体系としての言語の媒体を研究対象とするものであり、文字は言語音とともに主要な媒体をなすからである。
3. （　　）直接的な言語接触において生じた中間的な言語のこと。主に交易のために生じたもので、もととなる一つの言語に他の一つ以上の言語が混じりあって作られる。簡略化された文法と音韻の体系を持つが、一般に社会的地位の低いものと扱われる。コードの安定性や使用範囲の広がりなどによって、限定＿＿＿・安定＿＿＿・拡大された＿＿＿などの段階に分けて説明される。　＊＿＿＿には提示の語が入る。
4. （　　）Sperber & Wilson（1986）の用語。人間の認知は関連性を求め、コンテキスト効果が多ければ多いほど、関連性は高く、処理努力が小さいほど、関連性は高くなると定義されている。

ア．関連性（relevance）
イ．運用能力／言語運用
ウ．音声学（phonetics）
エ．ピジン（pidgin）

30－言語習得８．―言語習得―

　足場かけ／足場づくり（scaffolding）は、学習者の能力を超えた課題に取り組む際に、教師や熟練者が提供する一時的な支援を指します。以下がその内容です。目的：学習者が自力では達成できない課題を遂行できるようサポートすること、特徴：学習者のニーズに応じて段階的に支

援を提供し学習者の成長に合わせて徐々に支援を減らす、効果：学習者の自信と能力の向上と自律的な学習の促進。自己効力感は、特定の状況において自分が目標を達成できるという自信や信念を指します。バンデューラによって提唱されたこの概念は、自己効力感が高いほど、挑戦に対して積極的に取り組む意欲が高まり、成果が上がる可能性が高いとされています。言語学習においても、自己効力感が高い学習者は、より効果的に言語を習得しやすいとされています。自己決定論は、心理学における理論で、個人の行動が内発的な動機に基づいていることを重視します。この理論によれば、人々は自己の選択や決定ができることが重要であり、これが学習や成長においても影響を与えるとされています。教育においては、自己決定を促す環境が、学習者のモチベーションやパフォーマンスを向上させるとされています。制限コード／限定コードは、言語使用やコミュニケーションにおいて、特定の文脈や社会的状況において使われる言語のスタイルを指します。特に、バジル・バークレーの理論において、制限コードは、特定のコミュニティ内での共通の理解を前提とした言語使用であり、あまり詳細な情報を提供しない傾向があります。一方、限定コードは、より詳細で明確な情報を提供し、幅広い聴衆に向けてのコミュニケーションに適しています。

問題

30－言語習得8．次の英語学の用語の説明で適切なものを記号で選びなさい。―言語習得―

1. (　　　) バーンスタインによって、主に労働者階級（下層階級）の子供たちの言語行動に見られるとされた表現形式のこと。内容は具体的で直接的だが、文構造や語彙は貧弱で、表現の構成も単純で個性がない（紋切り型を使用する）とされる。また、文脈への依存度が高く

論理的にも飛躍するため、それを補うためにイントネーションや非言語行動などの手段に頼る傾向が見られる。一方、中間階級の子供たちの言語行動に見られる表現形式は精密コードと呼ばれる。

2.（　　）目標言語の習得において、学習者が相互交渉における幾度かのやりとりを通じてある言語構造を構築していくことをいう。学習者が新しい言語構造を習得していく1つの方法と考えられている。

3.（　　）Deci and Ryan（1985）で提唱されているこの理論によると、内発的動機はあらゆる人間が持っているものであり、自らが決定した動機の種類として概念化されていると提案している。また、特徴的な点は外発的動機を内発的動機と相反するものとしてはとらえておらず、外発的動機も自己の行動によって内面化していき、その結果、内発的動機へと移行することができると考えている点である。この連続体としての動機づけは以下の通りに表すことができる。まず、無動機（の）（amotivational）、外発的動機（extrinsic motivation）、内発的動機（intrinsic motivation）に区分され、そして、外発的動機は一番自己決定性が低い外的調整（external regulation）、その次に、取り入れ的調整（introjected regulation）、そして自己決定性が高い同一視的調整（identified regulation）に下位分類されている。

4.（　　）ある特定のタスクに対して、学習者が目標達成のための自らの能力やスキル、知識が十分に備わっているかどうか、そしてそれらを持ってタスクに従事することから予想される結果を自ら判断する概念。これが高ければ、タスクへの従事が強まり、達成するための惜しみない努力が見られるようになる、つまり動機が高まるものと考えられている。自らの能力によってタスクを達成できるかどうか、つまりタスクに対する自信を判断するため、これと言語への自信（linguistic confidence）は類似しているように思われる。しかし後者は目標言語使用者との質的／量的な関わり等の社会的側面に根ざしており、さらにそこから判断されるものは熟達度である。従って、

タスクというより具体的な状況に特化し、自身のタスク達成能力の判断から将来的な結果を予測する、ということからは区別される。言語への自信（linguistic confidence）は一般的に特徴的な概念としてとらえられているが、これはタスクそのものやタスクが行われる環境によって左右される心理的な概念である。これを高める要因として、①過去のタスクにおけるパフォーマンス、②友人や教師など学習の手本となるべき存在からの学び、③言葉による励まし、④不安などの心理的要因があげられる。

ア．足場かけ／足場づくり（scaffolding）
イ．自己効力感
ウ．自己決定論
エ．制限コード／限定コード

31―言語習得 9．―言語習得―

　言語習得の敏感期とは、ある特定の能力を効果的に習得できる時期のことを指します。言語習得においては、幼少期が敏感期とされ、この時期に言語に触れることで、最も効率的に言語を学ぶことができます。敏感期を過ぎると、言語習得は可能であっても、その習得速度や正確さは低下することが多いです。主に母語の習得に関して研究されてきましたが、第二言語習得にもある程度当てはまるとされています。発達の最近接領域の概念は、心理学者レフ・ヴィゴツキーによって提唱されました。発達の最近接領域とは、子どもが他者の助けを借りることでできることの領域を指します。つまり、自力ではまだ達成できないが、大人やより能力の高い仲間のサポートがあればできるようになる領域です。言

語学習においては、教師や仲間の助けが学習者の成長に寄与することを強調する理論です。作業記憶／ワーキングメモリ（working memory）は、情報を一時的に保持し、それを操作する能力を指します。特に、複雑な認知作業や問題解決、学習において重要な役割を果たします。言語習得においては、ワーキングメモリが語彙の習得や文法の理解、会話の流暢さに大きく影響します。第二言語習得の研究でも、ワーキングメモリの容量が学習速度や習得の質に影響を与えることが確認されています。

問題
31－言語習得９．次の英語学の用語の説明で適切なものを記号で選びなさい。―言語習得―

1.（　　）言語的な刺激に対して、その特徴を敏感に感じ取って身につける時期のことである。臨界期（critical period）を過ぎると言語習得が非常に困難になる、という説に対して、学習にふさわしい時期という意味で「適期」ということばを用いることもある。音声によって受ける刺激に対し、他の時期より敏感に反応することができる生理的な時期があり、その時期に言語的な刺激を与えることにより、質の高い言語習得をもたらすことができるのではないか、ということで注目されている。乳・幼児期から児童期にかけて、言語に対して敏感に対応する能力は著しく変化する。8歳くらいまでは音声に対する刺激をそのまま感受する能力が高いが、児童期後期（10歳以降）になり、思考力・推理力が発達してくると、無意味な音をそのまま受け入れることに心理的な抵抗を感じるようになる。その頃に音声刺激に対する感受性が鈍化し、この時期を過ぎると考えられる。これを、言語習得能力全般の能力が鈍化するととらえるにはあたらず、その後も

第2章

他の言語習得ストラテジーを用いて、習得は続いていく。しかし、この時期に音声による言語的な刺激をまったく受けられない場合の損失は大きい。

2. (　　) 短期記憶の概念を、コード化の多様性、認知活動における処理という観点から発展させたものである。Baddeley and Hitch (1974) によってはじめて本格的に提唱された。これは、言語情報を音声的コードに基づいて保持する音韻ループ、視覚的・空間的情報をイメージ的に保持する視空間的記銘メモ、この2つのシステムを制御し中心的な認知的役割を担う中央実行系からなる。

3. (　　) 学習が最も生産的に行われる領域のことである。学習者がまだ独立した活動の能力を持っておらず、活動の解決に関係のある、あるいは解決を助けてくれるような足場になる援助を伴うと、望まれる産出ができるとする知識やスキルの領域のことである。Neo-Vygotskian の議論では scaffolding（足場づくり／足場）という新しい概念が導入され、これにおける other-regulation（他の調整）タイプの特徴をとらえるものとして発展してきた。other-regulation とは、子供やスキルのない個人は、よりスキルのある人の下での活動やタスクを行うことによって学習することであり、これには典型的に言語を仲介する。対する self-regulation（自己調整）とは、成熟していて、スキルのある個人が自律した活動をする能力があるということである。

ア. 発達の最近接領域
イ. 言語習得の敏感期
ウ. 作業記憶／ワーキングメモリ（working memory）

32－通訳・翻訳１．―通訳・翻訳―

　等価性は、翻訳の中で原文と訳文の意味や効果が一致することを指します。言語間で完全な一対一の対応が難しい場合でも、内容や意図、文化的ニュアンスをできる限り等価に伝えることが求められます。等質的訳出は、単に文法的な一致だけでなく、文化的、状況的な背景も含め、原文が持つ意味や効果をそのまま伝えることに焦点を置いた訳出方法です。これにより、訳文が元の文と同じ効果を読者や聞き手に与えることが目指されます。逐次通訳は、話者がある程度の長さで発言を終えた後に通訳者が訳をする通訳形式です。通訳者は話者の発言を記憶し、必要に応じてメモを取りながら、話者が一区切りつくたびに訳を行います。逐次通訳は同時通訳に比べて時間がかかるものの、正確さを重視でき、コミュニケーションの内容を詳細に伝えることが可能です。会議やビジネスの場で用いられることが多いです。コミュニティー通訳は、医療、教育、法廷、社会福祉などの公共サービス分野で行われる通訳です。異なる言語を話す個人やコミュニティーが、公的な場で平等にサービスを受けるために行われます。通訳者は、文化や言語の違いを橋渡しする役割を担い、正確かつ倫理的な通訳が求められます。状況によっては、非公式なコミュニティーの一員として参加することもあり、社会的な責任も大きいです。

|問題|
32－通訳・翻訳１．次の英語学の用語の説明で適切なものを記号で選びなさい。―通訳・翻訳―

1.（　　　）コミュニティーの中の少数派言語を話す人のために公共サービスを提供するための通訳。警察や法律問題、学校、医療などの場面

で使われる。これは通常、双方向の通訳であり、センテンスごとにノートを取らずに逐次通訳を行う。他の通訳方式と異なり、通訳者は文化的背景やメッセージを明示化するなど、より積極的な介入が求められることもある。少数民族の多いオーストラリアやドイツ、イギリス、スウェーデン、アメリカなどで盛んである。これらの国々では社会の多文化・多言語化に伴い、これにあたる通訳者も、以前は専門的訓練を受けていない人が多かったが、最近ではよりプロフェッショナルな方向に進んでいる。日本では未発達であり、ボランティア通訳と混同されることもある。

2. (　　　)同時通訳と並ぶ通訳の2つの主要な方式の1つ。これでは通訳者は話し手の発話をあるまとまった区切り（segment）まで聞き、その後その部分を目標言語で再表現する。セグメントの長さはスピーチ内容の種類、難易度などによって違うが、欧米では3～4分、日本では30～60秒程度が普通である。初めて会議通訳が本格的に採用されたベルサイユ講和会議では、1時間以上に及ぶスピーチを途中で切ることなく最後まで聞き、その後このやり方の翻訳を行ったと伝えられる。日本でのこれの平均的区切りである30～60秒は話し手が1つのまとまった考えを表現する長さ、書いた文章ではパタグラフに相当する。通訳者はその間話を聞き、意味の理解に努めながらノートを取り、発話の完了とともに再表現（re-formulation）を始める。話し手の発話と同時に進行する同時通訳に比べて所要時間は2倍だが、総体的により正確性の高い通訳が期待されるため、交渉や記者会見、講演などに多く使用される。特に日本では会議通訳の需要の約50%を占め、通訳者にとって最も重要で基本的な技術である。ビジネス通訳、コミュニティー通訳、法廷通訳では業務のほとんどがこの方式である。コミュニティー通訳などではセンテンスごとの通訳がよく行われるが、この場合はノートを取る必要がほとんどなく、正式なこの方式とは見なされないことが多い。技術的にはこれは通訳の3つの要

素である理解、リテンション（記憶）、表現が比較的明瞭に識別されているため。技術の習得・訓練において最も大きな部分を占める。難易度に関しても正確性や表現においてより高い完成度を求められるなど、同時通訳より高いと考えられている。また、このための訓練は理解と表現に重点をおくため、一般的言語学習への応用の可能性も大きい。

3. （　　）翻訳において、原文の形式を守るが伝達内容がゆがめられる翻訳を「一対一の対応」というのに対し、原文の意味・内容を訳出するため構文・語句に工夫を加えた翻訳をすることをいう。

ア．等質的訳出
イ．コミュニティー通訳
ウ．逐次通訳

33－通訳・翻訳２．―通訳・翻訳―

　視訳／サイト・トランスレーション（sight translation）は、書かれたテキストを即座に音声で別の言語に訳す通訳技術です。通訳者が原文を目で読みながら、即興でその内容をターゲット言語に口頭で訳します。通常、書かれた文を読み上げる時間内に訳すため、スピードと正確さが求められます。視訳は、法廷通訳や医療通訳の場で特によく使われ、書類の内容を迅速に相手に伝える必要がある場面で有効です。異化（dissimilation）は、翻訳において、ターゲット言語の読者にとって異国的な感覚や文化的背景をできるだけ忠実に伝える翻訳戦略を指します。この戦略では、原文の文化的、言語的な独自性を保ちながら訳し、ターゲット言語の読者に異文化の感覚を感じさせることが目的です。異

化の対極にある概念が同化（assimilation）で、これはターゲット言語の文化に合わせて訳文を自然にする戦略です。異化と同化は、翻訳者が文化的な異質性をどの程度重視するかに関わる選択です。努力モデルは、通訳のプロセスを分析するためのモデルで、フランスの通訳学者ダニエル・ジルによって提唱されました。このモデルは、通訳における複数の「努力」（effort）が通訳者のワーキングメモリや注意力にかかる負荷として影響を与えることを説明します。主に以下の4つの努力に分けられます。聞き取りと分析の努力：話者の発言を聞き取り意味を理解する、記憶の努力：理解した内容を短期間記憶する、訳出の努力：記憶した内容をターゲット言語に訳し言葉にする、協調の努力：これらの各要素をバランス良く行うこと。努力モデルは、通訳者がこれらのプロセスをスムーズに調整できるよう訓練する必要性を強調しています。特に、同時通訳や逐次通訳のような高負荷な状況下で、このモデルは役立ちます。

|問題|
33－通訳・翻訳2．次の英語学の用語の説明で適切なものを記号で選びなさい。―通訳・翻訳―

1. （　　　）ロシア・フォルマリズムの用語。伝達機能の支配化による自動機制と結びつくことによって、意識の自動機制とも結びついた惰性化した日常言語や諸芸術言語を見慣れぬ新しいもの変えて、本質的現実が見えるようにすることをいう。
2. （　　　）本来は、原稿を見ながら即座に口頭で翻訳することを言うが、日本では会議通訳の際に原稿を参照しながら同時通訳あるいは逐次通訳することを指し、同時通訳の準備訓練にも利用される。Snelling（1992）によれば、その目的は、起点言語のシンタックス（syntax：構文）を目標言語の自然なシンタックスに変換することができるよ

うな柔軟な訳出能力を養うことにある。これは、英語学習で使われるスラッシュ・リーディングと混同されることがあるが、両者は似て非なるものである。スラッシュ・リーディングは、スラッシュで区切った部分の理解をそのまま音声化するもので、訳文の質は問われない。一方、これにおいても、テクストにスラッシュを入れるが、実際の訳出は区切った範囲にこだわらず、文章の展開に応じて柔軟に訳文を作り、訳文にはある程度の完成度が要求される。

3. (　　) Gile (1989) の提唱するこれは、厳密には情報処理アプローチではないが、やはり限界容量理論に基づいている。利用可能な処理容量の範囲内であれば、注意を必要とする非自動的操作である「聴取・分析」、「記憶」、「談話生成」の3つのコンポーネントが共起できる、言い換えれば、複数の課題が意識的コントロールのもとに同時的に遂行できるとする（聴取＋記憶＋産出＝努力の合計＜利用可能な処理容量）。effort（努力）が増大すれば全処理容量の飽和状態と注意配分の不均一をもたらし、通訳のパフォーマンスは低下すると説明する。

ア．視訳／サイト・トランスレーション
イ．努力モデル
ウ．（翻訳における）異化

TOPIC 2 ―プラクティス：フィーリングを定着させよう！―

フィーリングの違いを練習し、記憶・感情に定着させましょう。間違っても大丈夫！

Q. どちらの選択肢が正しいでしょうか？

1. A： I went to ____①____ zoo yesterday.
   昨日動物園に行ったよ。　　選択肢： a, the
   B： Oh, did you see ____②____ lions?
   えっ、ライオン見た？　　選択肢： a, the

解説
　"zoo" は特定されていない動物園を表し、話し手が初めて言及しています。"the lions" は特定のライオンを指しており、動物園内のライオンであることが文脈からわかります。

解答
　① a（the と答えると相手も知っている動物園になります。）
　② the

2. A： I saw ____①____ interesting movie last night.
   昨夜、面白い映画を見たんだ。　　選択肢： an, the
   B： Really? What was ____②____ movie about?
   本当？　その映画はどんな内容だったの？　　選択肢： a, the

解説

"an interesting movie" で初めて映画について話しています。次の文では "the movie" となり、すでに話題に上った特定の映画を指しているため、"the" が適切です。

解答

① an, ② the

Q. どちらの選択肢が正しいでしょうか？

A： I adopted ____①____ dog last weekend.
先週末、犬を引き取ったんだ。　　選択肢： a, the

B： That's wonderful! What's ____②____ dog's name?
それは素敵ね！犬の名前は何？　　選択肢： a, the

解説

"a dog" は初めて言及するため、一般的に「犬」を指していますが、次の文ではその「犬」を再び指しているため "the dog" が適切です。

解答

① a, ② the

もっと深く文法を理解しよう！

"a" と "the" のフィーリングの違いを少しずつ感じるようになりましたか？

冠詞は新しい情報を提示する際に不定冠詞 "a" または "an" を、既に言

及された特定の情報を再度指す際に定冠詞"the"を使うのが基本的なルールです。

定冠詞の the は指示代名詞の that から来ているようです。that は元々「あの」、「その」というような指示語です。そのため定冠詞の the もあえて訳すと「その」と訳されます。

次に the のフィーリングについて例と共に述べます。フィーリングをあえて言葉に置き換えると次の3つのパターンになります。

パターン1：既に言及された特定の情報を再度指す。
パターン2：前の文で紹介されていなくても両者がその認識を共有している時に使用する。
パターン3：不明瞭なものに輪郭を与える。

大事なのは3つのパターンで共通に「特定」というフィーリングがあることです。

パターン1：既に言及された特定の情報を再度指す。

The dog was very happy, running back and forth.
（その犬はとても嬉しくて、前後に走り回っていました。）
この "the" は特定の「犬」を指します。前の文で紹介された犬を再び言及しているため、The をつけています。The をつけずに A をつけるとどの犬を指しているのか分からなくなります。

パターン2：前の文で紹介されていなくても両者がその認識を共有している時に使用する。

A： Where are you now, Mom?
　ママ、今どこなの？
B： I'm at **the supermarket.**
　スーパーよ。

　前の文になくても過去に言及されていて、両者がその認識を共有しているときも the を使います。the ではなく a を使うと、子供が知らないスーパーにいるフィーリングになります。それ以外にも the が使われることがあります。例えば、The Yankees はなぜ The がつくのでしょうか。

パターン３：不明瞭なものに輪郭を与え、エリアを鮮明にする。

The Yankees won their fourth game today against **the Dodgers.**
（ヤンキーズは今日、４戦目でドジャーズに勝ちました。）

　The Yankees と the Dodgers には the が付きます（略式では the が付かない時もある）。もし、the が付かないとあらゆる Yankees を指す表現になり、地元の人やファンを含めたような表現になります。the をつけることで、野球チームとしての Yankees に限定します。パターン３は複数名詞によく当てはまります。

固有名詞（国名）に the が付くときも同じフィーリングです。

　the United States の定冠詞 the は州をまとめて境界を定める働きをしています。正式な名称は the United States of America（アメリカ合衆国）です。

TOPIC 2

河川、海洋、砂漠名などに the が付くのもこのフィーリングです。

河川：the Seine（セーヌ川）、the Mississippi（ミシシッピー川）
　川には支流や本流があり、どこから始まるのかわからなく不明のため the が付きます。
海洋：the Pacific（Ocean）（太平洋）
　あまりにも広大で漠然としているので輪郭が必要です。
砂漠：the Sahara Desert（サハラ砂漠）
　これもあまりにも広大で漠然としているのでエリアを限定する必要があります。

楽器には定冠詞 the が付き、スポーツには冠詞が付かないのも、このフィーリングが関係しているようです。

I play **the guitar**.
　guitar は楽器群の中の一つで、piano や flute などの楽器群と区別するために the がつきます。

I play baseball.
　スポーツの名前には the が付きません。それは野球やテニスやサッカーは、それぞれ独立した存在で集合体がないからです。

　the の用法は大きく分けるとこのようなルールになっています。根底にあるフィーリングそのものは変わらず、すべて共通です。

こぼれ話　―アメリカ人にとっての「冠詞」とは？―

不定冠詞の a が聞こえなかったのか？

　人類で初めて月に降り立ったアポロ 11 号のニール・アームストロング船長（Neil Armstrong, 1930-2012）は、月面から次のような言葉を送ってきました。

Armstrong： That's one small step for <u>a man</u>; one giant leap for <u>mankind</u>.
　「<u>一人の人間</u>には小さな一歩だが、<u>人類</u>には偉大な飛躍である。」と報道され、人々はこの名言に歓喜しました。

　しかし、宇宙からの音声は雑音が多くて、for a man の a が聞き取れませんでした。アメリカ人の音響の専門家が聞いても確認ができなかったようです。もし a が入ってなければ、man は「一人の人間」から「人類」という意味になります。そうすると、「人類には小さな一歩だが、人類には偉大な飛躍である。」と言う奇妙な意味になってしまい、意味が通じません。冠詞に敏感なアメリカ人は聞こえなくても、自然に意味が通じるように a を入れて英文を理解して報道したのかもしれません。

　英米人にとっては冠詞の存在は非常に重要だと思いませんか！？

あとがき

　長年、英語教育、英語学など英語に関する学習指導を行ってきた筆者は、適切なテキストがなく苦労してきました。そこで、学習指導をまとめて、それを学習者に提示したいという大きな希望を持っていました。今回、この希望を実現させることができ、学習者の勉強に役立てることができるようになったことに感謝し、学習者が本書を利用し、英語に関する造詣をさらに深めることができることを祈っております。

　本書が成立する上で、エッセイを記載いただいた岸上英幹先生、愛知産業大学の学生である片瀬このみさん、光崎朱音さん、長谷川航大さん、ふくろう出版の亀山裕幸氏ほか、多くの人々のご協力をいただきました。この場をお借りして謝意を表したいと思います。大変ありがとうございます。

　本書をきっかけとし、多くの人々が英語に、より一層興味を抱いてもらえるようになれば、筆者の望外の喜びです。

執筆者略歴と執筆箇所

西田一弘　愛知産業大学短期大学国際コミュニケーション学科准教授、(株)兼松江商勤務、関西学院大学商学部卒業、愛知淑徳大学大学院コミュニケーション研究科異文化コミュニケーション専攻　博士前期課程修了、博士課程後期課程単位取得満期退学、東京大学大学院総合文化研究科言語情報科学専攻修士課程単位取得満期退学、名古屋大学大学院人文学研究科人文学専攻言語学専門　博士課程前期課程修了、博士課程後期課程単位取得満期退学

　はじめに　目次　第 1 章　第 2 章　あとがき

岸上英幹　防衛大学校教授、英国暁星国際学園勤務、オーストラリア大使館国際交流コンサルタント、愛知産業大学短期大学教授、立教女学院短期大学教授、森永エンゼル財団フェロー、上智大学文学部英文学科卒業、立教大学大学院文学研究科修了、米国州立ウエストバージニア大学大学院　修士課程単位取得満期退学

TOPIC 1　TOPIC 2

| JCOPY | 〈(社)出版者著作権管理機構 委託出版物〉

本書の無断複写（電子化を含む）は著作権法上での例外を除き禁じられています。本書をコピーされる場合は、そのつど事前に(社)出版者著作権管理機構（電話 03-5244-5088、FAX 03-5244-5089、e-mail: info@jcopy.or.jp）の許諾を得てください。
また本書を代行業者等の第三者に依頼してスキャンやデジタル化することは、たとえ個人や家庭内での利用であっても著作権法上認められておりません。

英語学の基礎知識

2025年4月11日　初版発行

著　　　　西田　一弘

発　行　　ふくろう出版
〒700-0035　岡山市北区高柳西町1-23
　　　　　　友野印刷ビル
TEL：086-255-2181
FAX：086-255-6324
http://www.296.jp
e-mail：info@296.jp
振替　01310-8-95147

印刷・製本　　友野印刷株式会社
ISBN978-4-86186-933-4 C3082
©NISHIDA Kazuhiro 2025

定価はカバーに表示してあります。乱丁・落丁はお取り替えいたします。